ダイヤモンド社

橋爪大三郎

死の講義

・

死んだらどうなるか、自分で決めなさい

はじめに

突然ですが、この本は、死んだらどうなるかの話です。
だいたい死は、突然やってくるものなので、お許しください。

⁘

ただしご安心ください。「死んだらどうなるかの話」は、死ぬことそのものではありません。むしろそんなことを考えるのは、生きているひとです。かく言う著者の私もまだ生きているし、この本を手にとったあなたも生きている。悠長なことです。いまにも死にそうで、それどころではないひとだってけっこういるのに。

じゃあなぜ、そんな悠長なことを考えるのか。

いよいよ死にそうになったときには、じっくり考える時間がありません。気力も体力もないかもしれない。そうするうち、死んだらどうなるかもはっきりしないまま、死んでしまう。もったいないことです。せっかく死ぬのに。

⁘

さて、人間はふしぎな生き物です。

生き物はそもそも、すべて死ぬのです。生き物なので生きてはいますが、そのうち食べられたり、病気になったり、年をとったりして、あっという間に死んでしまいます。死ぬそのときまで、死ぬと思っていません（たぶん）。死ぬ最中だって、なにが起こっているのか、わかっていないだろう。それでも生きている間は、立派な生き物です。

人間は違います。うんと小さい子は別として、ちょっと知恵がつくと、みんな死ぬらしい、自分も死ぬだろう、と思うようになります。（なぜそう思うようになるのか、考えてみるとちょっと不思議ですが、そのことはおいておきます。）人間は誰でも、自分は死ぬと思って生きているのです。親は子どもを育てるとき、やがて自分が先に死ぬだろうと思って、自分が死んでも困らないように子どもを育てます。人びとは役割を分担するとき、誰かが急に死んでも困らないように、代わりのひとをみつけられるように分担します。社会は、人間が死ぬことを前提にして、できあがっています。

人間は、自分が死ぬとわかっている。よろしい。では、死んだらどうなるとわかっているのでしょうか。

⁘

むかし人びとは、群れをつくったり、村に住んだり、小さな集団で暮らしていました。そこには、死んだらどうなるか、の決まった考え方がありました。死んだら鳥になる。先祖のところに帰る。どこか遠くで、楽しく暮らす。などなど。それは、人びとが自分の考えを持ち寄って、みんなの考えにしたものです。確かめようがないかもしれないけれど、みんなでそう考える。おじいさんもおばあさんも、死んだ人びとはみなそう考えていた。

みんなと同じように死ぬので、みんなと同じように考えます。仲間なのですから。
よって、こうした小さな集団では、死んだらどうなるかの考え方は、ひと通りになります。それは、人びとの生き方もおおよそひと通りだということです。人びとはそうやって生き、そして死にました。

⁘

けれどもそのうち、社会はもっと複雑になります。広い場所で農業を営み、人口も増えた。社会階層が分化した。ふつうの人びとのほかに、商人や職人や、軍人や王さまや、官僚や神官がいます。複雑な社会のなかで、人びとはさまざまな人生を歩みます。職業を変わったり、出世したり落ちぶれたり、戦争に駆り出されたり難民としてよその土地に移住したり。人びとの生き方が何通りもあるということは、人びとの考え方も何通りもあるということです。

広い場所には、さまざまな文化をもった人びとが集まります。さまざまな人種、さまざまな民族の人びとが集まります。死んだらどうなるか、の考え方も違います。これが、「宗教の違い」として意識されます。そう、複雑な社会には宗教というものができるのです。狩りをするひと、牧畜をするひと、農業をするひと、都市で暮らすひと、もともとあったさまざまな考え方が、かたちを変えて、宗教としてよみがえるのです。

いくつも宗教がある。それは、死んだらどうなるか、の考え方がいくつもあるということです。

いくつも宗教が出てきてどうなったかというと、大部分は廃れてしまいました。けれどもそのうちいくつかは、信じる人びとの人数が増えて生き残りました。それが「大宗教」です。大宗教は、社会を丸ごと呑みこんで、文明につくり変えました。そうした文明は現在も大きな勢力を保っています。

❖

いま、世界には、四つの大きな文明があります。どれも、宗教を土台にしています。

- ヨーロッパ・キリスト教文明……キリスト教を土台にしている
- イスラム文明……イスラム教を土台にしている
- ヒンドゥー文明……ヒンドゥー教を土台にしている
- 中国・儒教文明……儒教を土台にしている

これらは、一〇億人から二〇億人を擁する、巨大な文明です。そしてどれも、大宗教を土台にしている（いた）のです。

これよりひと回りサイズの小さい大宗教は、仏教でしょう。仏教も、インド、中央アジア、東南アジア、中国、朝鮮、日本などで、重要な役割を果たしました。

まとめると、これまで人類に大きな影響を与えた宗教は、キリスト教、イスラム教、ヒンドゥー教、儒教、仏教、の五つです。それぞれ、人間は死んだらどうなるか、についてしっかりした考え方をもっています。死んだらどうなるか、自分の頭で考えてみようとする場合、まず、これらの宗教の考え方が参考になります。

⁘

そこでこの本では、これらの宗教が、人間は死んだらどうなると考えているのか、詳しく追いかけることにします。

それぞれの宗教について調べて、もの知りになることが、目的ではありません。自分で納得して、そうだと思える考え方を、選び取ることが目的です。もしかしたら、どの考え方にも納得できないかもしれません。（最近、そういう人びとが増えています。）そういう場合には、ほかにどういう考え方があるのかも、わかる限りで紹介することにします。

⁘

この本のタイトルは、『死の講義——死んだらどうなるか、自分で決めなさい』です。こんな本を読んでいると、変な目で見られるかもしれません。縁起でもない、と。いやいや、決して怪しい本ではないですよ、と説明してあげましょう。

この本を読む理由。

死んだらどうなるかわからないので、怖くて、心配で、読むのではありません。もちろん、怖くて、心配で、困って読むのでもかまいません。でもほんとうは、しっかり生きるために読む、のです。

人間は自分が死ぬと知っていて、生きています。だから人間らしい。いずれ死ぬと知りつつ生きるのは、人間の誇りです。

⁘

死んだらどうなるのか、死んでみるまでわからない。それはまあ、確かです。でも人間は、死ぬ前に、死んだらどうなるのかと自分なりに考え、納得し、それを織り込んで生きてきました。死んだらどうなるのか。それは生き方の一部、人生の一部です。

死んだらどうなるのか、死んでみるまでわからない。それなら、死んだらどうなるのかは、自分が自由に決めてよいのです。宗教の数だけ、人びとの考え方の数だけ、死んだらどうなるのか、の答えがあります。そのどれにも、大事な生き方が詰まっています。人生の知恵がこめられています。それは、これまでを生きた人びとから、いまを生きる人びとへのプレゼントです。

これより大きなプレゼントがあるでしょうか。

⁘

私の役目は、そのプレゼントを、読者の皆さんに届けることです。

そこで、読者のみなさんに、約束します。

中学生でも読めるように、わかりやすく書きます
少しむずかしい言葉を使うときは、説明や注をつけます
頭に入りやすいように、かみ砕いて話を進めます

人間が死んだらどうなるのか。

この本にあるように、ほんとうにいろいろな考え方があります。そしてどれも、よく考えられています。選《よ》りどり見どりです。

人間が死んだらどうなるのか、いろんな考え方に触れるのはよいことです。とりあえずどれかに決めてみるのもよい。より深みと奥行きのある生き方を実感できます。ほかの考え方を、理解する力も高まります。

⁘

それでは、死んだらどうなるのか、さまざまな考え方を一巡して、自分の考えを磨いてください。そして毎日を、胸を張って生きてください。

目次

3章・インドの文明は、死をこう考える

6章・死んだらどうなるか、自分で考える

What Happens When You Die
by
HASHIZUME Daisaburo
Diamond, Inc. Publ. Co. Ltd. Tokyo Japan 2020:09

I章・死ぬということ

死ぬということは、考えにくい。

試しに考えてみたら、すぐわかる。死ぬということは、なかなか考えにくい。

なぜ、死ぬということは考えにくいのか、考えてみよう。

まず、自分はまだ死んでいない。もうしばらくは死なないだろう。さし迫っていないことは、考えにくい。

それに、死ぬのは恐ろしい。なぜ恐ろしいのか、うまく説明できないが、とにかく恐ろしい。恐ろしいことは、考えにくい。

そして、死ぬということをどこから考えたらいいのか、手がかりがない。手がかりがないことは、考えにくい。

だいいち、死ぬということを考えたところで、いいことが特になさそうだ。気が滅入るだけではないか。

そんなふうに思ってしまうので、死ぬということを考えにくい。——いちおう、そう考えられる。

けれども、死ぬということを考えにくいほんとうの理由は、もっと別のところにある。

そう、私は思う。

死ぬということが、考えにくい理由。それは、

死ぬということは、
ものを考える「このわたし」が、存在しなくなることだ ――*1*

からだ。

言っていることがわかりますか。「このわたし」が、存在しなくなる！　ものを考えたり感じたりしているのは、「このわたし」だ。その「このわたし」が存在しなくなる。これは大事件だ。このことをどう考えたらいいのか、わからない。だから、死ぬということを考えるのは、むずかしいのだ。

ここは大事な点なので、じっくり考えていこう。

存在する／存在しない

まず、何かが「存在する」とは、どういうことか。

テーブルの上に、バナナがあって、コップがあるとしよう。バナナは存在しているし、コップも存在している。その証拠に、目に見えるし、触ることもできる。

バナナは、存在したり、存在しなかったりする。バナナを買ってきてテーブルの上に置けば、バナナは存在する。バナナを食べるとなくなって、バナナは存在しなくなる。同じように、コップだって、存在したりしなかったりする。なるほど。

このように、どんなものでも、存在したり、存在しなかったりする。存在していたのに存在しなくなったり、存在していなかったのに存在するようになったりする。

ここまでは、いいですか。（そんなにむずかしいことを言っていません。）

⁘

そこでもう少し、その先を考えよう。

存在は経験できる

バナナが存在する。そう言うことに意味があるのは、少なくとも誰かが、そのことを確認できるからだ。

もしも誰も、ひとりとして、バナナを見ないのなら、そして触らないのなら、バナナの存在を確かめようがない。そのバナナが、存在するとかしないとか言うことに、意味がない。あるものが存在する、とは、そのものが経験できる（確かめられる）ということなのである。そこで、つぎのように言える。

存在するものは、経験できる ―― 2

存在するものは、経験されるから、存在する。経験しようのないものは、存在するとは言えない。

❖

存在するものが、存在しなくなったらどうなるか。経験されるものが、経験されなくなる。このことも、経験ではある。そこで、つぎのように言える。

存在するものが存在しなくなることは、経験できる ―― 3

バナナがある。それは経験できる。そのバナナがなくなる。それが経験できなくなる。つまりバナナが、経験できたのに、経験できなくなることは、経験できる。

この逆に、

のでもある。

この世界に存在するものはみな、経験できる。存在したものが存在しなくなることも、経験できる。存在はこのように、経験に結びついている。

⁘

生き物は、死ぬ

バナナは、存在しているのに、存在しなくなる。コップは、存在しているのに、存在しなくなる。存在しているものはどれも、存在しなくなる（かもしれない）のだ。

人間も、存在していたのに、存在しなくなる（かもしれない）。

人間はどういうふうに、存在しなくなるのか。

⁘

コップはモノである。

モノは、壊れる。ばらばらになって、コップの形がなくなる。コップとして使えなくなる。いままでコップだったのに、もうコップでなくなる。

人間は、生き物である。生き物は、死ぬ。いままで生きていたのに、動かなくなって、そのうち腐ってしまう。生き物だったのに、もう生き物でなくなる。

コップが存在しなくなるのと、生き物が存在しなくなるのは、似ている。どちらも、存在しなくなるところを、経験できる。

❖

生き物には、いろいろある。ネズミも生き物である。魚も生き物である。虫も生き物である。イヌも生き物である。人間も生き物である。みな生きている。そして、死ぬ。

イヌを、見る。触れる。イヌは生きている。そして、死ぬ。死ぬところを、見る。触れる。イヌは存在しなくなった。もう、見ることも、触れることもできない。

人間（たとえば、親戚のおばさん）を、見る。触れる。そのおばさんは生きている。そして、死ぬ。存在しなくなった。もう、見ることも、触れることもできない。

人間は、生き物として生きている。そのことを、経験できる。そして、死ぬ。そのことを、経験できる。それは、イヌやネズミや、そのほかの生き物と同じである。

❖

生き物が死ぬのは、このように、経験的な出来事である。

人間が死ぬのも、このように、経験的な出来事である。

「このわたし」が死ぬということ

人間が死ぬのは、経験的な出来事である。そう言える、いちおう。

なぜ「いちおう」か。それは、誰かほかの人が死ぬのと、自分が死ぬのとでは、話が違うからだ。

誰かほかの人（たとえば、親戚のおばさん）が死ぬ場合は、それは経験できる。おばさんが死ぬ前も、死んだあとも、それを経験する「このわたし」がいる。そもそもわたしがいなければ、どんな経験も成り立たない。

それに対して、「このわたし」が死ぬということは、特別だ。経験を成り立たせる、その土台がなくなる、ということだからだ。

⁘

「このわたし」がいなくなる。ものを見ることも、ものに触れることも、考えることもできなくなる。わたしが死ねば、わたしは存在しなくなるのだが、そのことを確認する方法がない。わたしに限らず、およそ一切の経験が成り立たなくなる。ものを見ることも、触れることも、ものを考えることもできなくなる。そんな圧倒的な出来事が、「このわたし」が死ぬ、ということである。

だんだん怖い話になってきたかもしれない。ここまではわかりましたか。

まとめてみよう。

人間が死ぬ、とひと口に言っても、誰かほかの人の場合と、「このわたし」の場合とでは、まるで事情が異なる。

誰かほかの人（親戚のおばさん）が死ぬ場合、それは、経験的な出来事である。「このわたし」や世界のあり方を、根本的には変化させない。

「このわたし」が死ぬ場合。そもそも「このわたし」は、そのことを経験できない。そして、そのことは、「このわたし」や世界のあり方を、根本的に変化させてしまう。すなわち、

「このわたし」が死ぬことは、経験的な出来事ではない ―― 5

人間は、自分自身が死ぬことを、決して経験できないのである。

自分以外の人間たちが死ぬことは経験できるのに、自分、すなわち「このわたし」が、死ぬことだけは経験できない。ここに大きなねじれがある。このことを踏まえることが、死ぬということを考える第一歩だ。

超経験的な事実

「このわたし」が死ぬことは、経験できない。でもそれが、やがて確実に起こるだろうと、「このわたし」は知っている。

考えてみるとこれは、不思議なことだ。そしてこのことは、「このわたし」が人間であることと、深く結びついている。

⁘

「このわたし」が死ぬことは、経験的な事実ではない。自分でそれを経験することはできないからだ。でも、それは起こる。ならばそれは、何か。

「このわたし」が死ぬことは、超経験的な事実である —— *6*

経験できないけれども、確実に生ずる出来事。それは、「超」経験的な事実でなくてなんだろう。

⁘

経験的に確かめる方法がないのに、確実に起こることになっている出来事。それは、ほんとうに起こるのか。

生まれるということ

死ぬことの反対に、「このわたし」が生まれたという出来事を考えてみる。

人間は誰でも、この世界に生まれた。それまで存在しなかったのに、存在するようになった。このことは、確かであろう。けれどもよく考えてみると、「このわたし」はこの出来事を、経験していない。気がついたら、この世界に存在していただけだ。自分の始まりを、記憶のなかにさかのぼってみても、ぼんやりとしていて、たどることができない。これほど大事な、基本的な出来事を、自分は経験しないのである。

「このわたし」が生まれることも、超経験的な事実である —— 7

自分が生まれる前、どんな経験もなかった。ある意味、世界は存在しなかった。同じように、自分が死んだあと、どんな経験もないだろう。そして世界は、存在しなくなる。「このわたし」は、経験によって世界を確かめつつ、生きている。そのことは、経験的な事実である。でもその始まり（誕生）と、終わり（死）は、超経験的な事実である。ふたつの超経験的な事実に挟まれて、「このわたし」は存在している。

ここで言えること。

自分の死を、まるごと経験し尽くすことはできない。死は必ず、経験できる範囲をはみ出している。この意味で、死は経験できない。経験できないので、考えるしかないものなのだ。

⁘

よって誰でも、自分の死を考える。めいめい勝手に考える。のだけれども、だいたい似たような結論になる。こんな具合だ。

可能性／必然性／不可知性

i そのうち、死ぬだろう（死の可能性）
ii 死なないわけにはいかないだろう（死の必然性）
iii 死について、知り尽くすことはできないだろう（死の不可知性）

最後の「不可知性」とは、こういうことだ。

死についてはいくら考えても、わかり切らないという感覚が残る。死についていくら考えてみても、それは生きている人間のやること。死んでもいないのに、なにがわかるだろうか。そういう、埋まり切らない余白の感覚が残るのだ。

この余白の感覚を埋めようと、人びとは死について、さらに考えていくことになる。

科学は死についてなにが言えるか

科学は死について、なにが言えるだろうか。

科学は死について、なにも大したことが言えない。とくに、

科学は、「このわたし」の死について、なにも言えない ―― 8

のである。なぜだろうか。

⁘

人間はこの世界のなかで、さまざまな経験をする。

世界は、まったく無秩序なわけではなく、一定の法則に従っている。さまざまな出来事の起こり方には、決まったパターンがある。科学は、そうしたさまざまな出来事がどう起こるかを、合理的に秩序立てて説明する。科学は、人間の経験を整理する学問である。

いっぽう死とは、世界を経験する「このわたし」が、存在しなくなることである。この

ことは、経験できない。経験をはみ出している。5、6でのべた通りだ。経験をはみ出しているのだから、経験できる出来事についての知識である科学が、扱える範囲を超えている。

だから、科学によって、死を考えることはできない。どんなに科学が進歩しようと。

⁘

死は科学を覆す

死はあべこべに、科学の土台を覆してしまう。

科学は、この世界の経験的な出来事を、合理的に説明するものだった。その科学を担うのは、生きている人間である。

ところが「このわたし」が死ねば、世界がなくなる。わたしはもう存在しないし、なにも経験できない。経験できる出来事がない。つまりもう、世界がない。科学は、経験的な世界についての知識なのだから、科学の成り立ちようがない。死によって科学は、世界もろとも、あらぬ彼方に投げ出されてしまうのだ。

哲学&宗教

死が不可知なものだと知りながら、それでも死と向き合い、死について考える。そのとき、科学は役に立たない。

では、なにが役に立つのか。

哲学は、役に立つかもしれない。哲学は、自分がものを考えるとはどういうことか、を考えるようにできている。科学のように「世界の経験的な出来事を、合理的に説明する」ことだけに、縛られていない。人間が死ぬということも織り込んで、その覚悟で、ものを考えるのが哲学だ。

⁘

宗教も、役に立つかもしれない。宗教は、この世界がここにこうあるとはどういうことか、を考えるようにできている。その際、議論を、経験できることに限定しない。経験できないこと（超越的なこと）も、必要ならば遠慮なく取り込んで行く。死についてもっとも突っ込んで、考えてきたのは宗教である。

というわけで、本書は、宗教が死をどのように考えてきたのか、を道案内に話を進めていく。のであるが、その前に、哲学の議論も見ておこう。

哲学で死を考える

この本をどんなふうに書こうか、と考えていたとき、一冊の本が目にとまった。伊佐敷隆弘『死んだらどうなるのか？　死生観をめぐる6つの哲学』（亜紀書房、二〇一九年九月）だ。さっそく読んでみると、よく整理できている。面白い。そこでこの本のなかみを紹介したい。

伊佐敷隆弘氏は、一九五六年生まれの哲学者。東大大学院で哲学を学び、博士論文のテーマはヴィトゲンシュタイン。いまは日本大学で教えているという。

⁘

伊佐敷氏はいう。

《「死んだらどうなるのか」についての考え方には、大きく分けて、六つのパターンがある。一人の人間の中に、それら六つの考え方が、人によって違った割合で混ざっているんだ。…まず、六つのパターンを全部あげておくね。

1　他の人間や動物に生まれ変わる

2　別の世界で永遠に生き続ける

3　すぐそばで子孫を見守る

4　子孫の命の中に生き続ける
5　自然の中に還る
6　完全に消滅する

この六つのパターンだよ。》（伊佐敷・12f）

∴

わかりやすい。説明はいらないだろう。言われてみれば、どれも、なるほどと思い当たる。

さて、1〜6をしげしげとながめてみる。どれも、この人生で、経験的に確かめることができないことがわかる。そう考えてもいいが、証拠がない。

ではなぜ、そう考えるのか。それはたぶん、ほかにもそう考えているひとが大勢いるからである。みんなそう考えている。じゃあ、自分もそう考える。証拠がなくても、その考えが広まっていくのである。

∴

経験的な世界から必然的に導かれるわけではないが、経験的な世界と矛盾するわけでもない。そんなふうに、経験的な世界と並行する考え方。伊佐敷氏はこれを、哲学とよぶ。なるほど。

1〜6は、素朴な考え方だ。習俗とか文化とか、民間信仰とよべるかもしれない。たしかに死について考えようとすると、このどれかになりそうだ。

宗教が死をきわめる

本書はそれに対して、宗教に焦点をあてる。宗教は、死について、長い時間をかけて考えてきたからだ。そして、人びとを、かっちりその枠につなぎ止めてきたからだ。

⁘

メジャーな宗教は、ある時代ある地域の人びとをすべて巻き込み、それ以外の考え方を許さなかった。

いまはグローバル化の時代。宗教の枠がゆるみ、混ざりはじめている。誰もが、自分の死を、新たな視点から考えてみられるようになった。

どの宗教も、独自の視点で死を考えている。死を考え、人生を考え、世界を考え、考え切っている。それが、選りどり見どりの状態だ。これを知らなければ、ほんとうにもったいない。

⁘

そこで以下、それぞれの宗教が、死をどのように考えているかを、順番に紹介することにする。

まず最初は、一神教。神さま（God）がただひとりいる、という宗教だ。ユダヤ教、キリスト教、イスラム教である。

一神教は、知られているようでいて、実はよく知られていない。とくに死についての考え方は、あまり理解されていない。それをしっかり見つめよう。

つぎに、インドの宗教。多神教に分類される。バラモン教、ヒンドゥー教、仏教だ。仏教は、日本に伝わった。日本人に、大きな影響を与えた（ことになっている）。しかし、その死についての考え方が、本当に伝わったのかどうか。それを考えてみたい。

そのつぎに、中国の宗教。儒教と道教である。儒教と道教は、考え方がたいへんに違っている（正反対である）が、根っこでは通じている。死について、そして人間について、独特な考え方をする。それがどう、日本に伝わ（りそこな）ったかを、考えてみよう。

そのあとは、日本の宗教。古くから、空気のようになじんでいる死についての感覚は、どういうものか、それを言葉で表してみよう。

おしまいに、近代人の、死の考え方。科学が生まれ、人びとの考え方が変化した。さまざまな宗教があって、死をどう考えるかは、個人に任されることになった。この時代に、死をどう考えられるか、考えてみる。

——という流れで、この本はできている。

わかりやすく書いた。でも内容は、いっさい妥協していない。

ジェット・コースターのように、目が回ったらごめん。

この本を読み終わると、死について考えるための手がかりを、どっさり手に入れることができるだろう。

⁘

死について考えるのは、死ぬためではない。よりよく生きるためだ。読者の皆さんが、そうやって人生の質を高めるお手伝いができれば、嬉しい。

2章 ・ 一神教は、死をこう考える

ではまず、一神教。

一神教を、英語ではmonotheismという。monoは「1」、the(o)-は「神」という意味だから、わかりやすい。ちなみに多神教をpolytheismという。

一神教／多神教と聞くと、神さまの「数」の違いだと思う。

たしかに数は違う。でももっと大事な違いがある。一神教では、

神は天地を、創造する（創造した）——9

と考えるのだ。

天地の「創造」

神は、天地を「創造」した。

聞いたことぐらいはあるはずだ。でも、その程度ではだめ。創造とはどんなことか、肌身でテッテー的に感じないと、一神教を理解したとは言えない。

∴

一神教とは、ユダヤ教、キリスト教、イスラム教。どれも、「神が天地を創造した」、と

する。（そもそもユダヤ教、キリスト教、イスラム教は「同じ」神を信じているのだった。）なかでも、論理がいちばんすっきりしているイスラム教を例に、考えよう。

イスラム教は、つぎの二つを信仰告白することになっている。

a　アッラーが、天地を創造した
b　ムハンマドは、アッラーの「最後で最大」の預言者である

（*a*だけを認め、*b*を認めない者もいる。その場合、イスラム教徒ではないが、無信仰者でもない、という扱いになる。）

ムハンマドは預言者。アッラーから啓示（神のメッセージ）を受けた。それをまとめたのが、クルアーン（コーラン）である。

クルアーンを読むと、天地の創造のことが、まとまって書いてない。まとまって書いてあるのは、旧約聖書の創世記である。クルアーンはそれを当然のこととして、踏まえているのだ。

創世記はアッラーの預言

旧約聖書はもともと、ユダヤ教の聖典だ。創世記など最初の五つの書物を、モーセ五書（トーラー）という。預言者モーセが伝えた律法である。イスラム教は、モーセも、神アッラーの預言者だと考える。創世記も、アッラーから人類へのメッセージなのだ。

創世記によれば、神は六日で世界を創造した。一日目に「光あれ」と言い、二日目に陸地と海を造り、…、六日目に動物や人間を造った。そして七日目に休んだ（安息日）。

イスラム教は、旧約聖書の内容を、だいたいそのまま認める。クルアーンと違うところは、クルアーンのほうを信じる。旧約聖書は不完全で、ところどころ間違っている、と考えるのである。

創世記に関して言えば、その内容はほぼそのまま、クルアーンに引き継がれている。

創造の前と後

創造という考え方のポイントは、創造の前と後で、すべてががらりと変化することである。

（創造の前）　神がいる

⇩

（創造の後）　神がいる

＋

世界がある　（天地、山や河、植物や動物、人間が存在する）

このことを、肝に銘じてほしい。

最初、神（アッラー）がただ存在するだけで、ほかには何も存在しなかった。神は寂しかったろうか。そんなことはない。神は完全で、欠けたところがなく、満足していたはずだ。

それから、世界を創造した。天地が存在するのは、神が創造したから。天地が存在すべきだと、神が思ったからだ。山や河が存在するのは、神が創造したから。植物や動物が存在するのは、神が創造したから。人間が存在するのは、神が創造したから。神が、それらは存在すべきだ、と思ったからだ。

このように、

世界は、神（アッラー）の意思によって、存在する ——*10*

のである。山や河を見るたび、植物や動物を見るたび、「神がこれを創造したのだ」と思わなければならない。そして、感謝しなければならない。

人間は、一人ひとり神が造った

人間はどうか。
人間ももちろん、神が造った。
しかも人間は、一人ずつ、神に手造りされた。

∴

最初の人間は、アダムである。アダムは、「土」という意味。神が土をこねて、人間のかたちにし、息（つまり、生命）を吹き入れて、人間にした。イヴ（エヴァ）も、やはり神が手造りした。以上のことは、創世記2章に書いてある。（細かいことだが、創世記1章には、神は男女を造った、と書いてあるだけ。男性（アダム）を先に造った、とは書いてない。1章は2章と別系統のテキストなのだ。）

神が手造りしたのは、人間だけである。創世記によると、ほかの動物は、言葉で命令するだけで造られている。

∴

アダムとイヴは、神の言いつけに背いて善悪の樹の実を食べてしまい、エデンの園を追放された。それから二人は結ばれ、カインとアベルの兄弟が生まれた。イヴは、ふつうのやり方で妊娠し出産した。

カインとアベルは、神に造られたのか？ それとも、人間から生まれたのか？ 人間から生まれたのに、間違いない。けれども、カインもアベルも、そのほか母から生まれる人間はひとり残らず、神が手造りした。そう、一神教では考える。人間から生まれるのは見かけだけ。誰が存在するのも、例外なく、神の意思によるのだ。

ひとつひとつを区別しない

神が造った存在を、被造物という。

被造物にも、いくつもの種類がある。まず、物体（モノ）。太陽や月のような天体も、山や河のような地上のモノ（無機物）もある。植物や動物（有機物）もある。

神は三日目に言う、「地は草を芽生えさせよ。種を持つ草と、それぞれの種をもつ実をつける果樹を、地に芽生えさせよ。」植物は、種をもつように造られている。植物は、地が生えさせるもので、草や木の一本一本を区別しない。

神は五日目に言う、「生き物は水の中に群がれ。鳥は地の上、天の大空を飛べ。」この命令で、水中の魚類は群れるようになった。一匹一匹は区別しない。鳥は、空を飛ぶようになった。一羽一羽は区別しない。

神は六日目に言う、「地は、それぞれの生き物を産み出せ。家畜、這うもの、地の獣をそれぞれに産み出せ。」陸上の生き物は、家畜／地を這うもの／野生動物、の三つのカテゴリーに分けて造られた。そして、一匹一匹は区別しない。それは、原子や分子がひと粒ひと粒区別されないようなものだ。

⁘

人間は個別の存在

このように、創世記によれば、被造物はすべて神の命令で存在し、神の管理下にある。それは群れ（生物学の用語では、種）として存在し、個物としては存在しない。

唯一、人間だけは、個物として造られ、存在している。アダム、イヴがそうである。そして、カインもアベルも、それ以後生まれた人間は全員、一人ひとり名前があって、個性がある。同じ人間はひとりもいない。これが人間の特徴だ。

人間は、一人ひとり個性ある存在として、神に造られる——11

神の前の個人

神は、人間を、一人ひとり手造りする。

これが一神教の、神と人間の関係の基本である。

ぼんやり読むと、11は当たり前のような気がする。全然、当たり前でない。とても特別の考え方だ。

ユダヤ教も、キリスト教も、イスラム教も、地球上の人類約七七億人の半分以上、およそ四〇億人がこのように考えている。一神教の考え方がどんなふうに特別か、しっかり理解しよう。

⁘

たとえば、人間なら誰もが考える、「わたしはなぜここに存在するのか、問題」。

親から生まれたから、存在するのか。そうには違いない。ならば、親はなぜ存在するのか。そのまた親は？　と考えていくと、結局、よくわからない。

一神教なら、答えは簡単だ。それは、「神がわたしを、このように造ったから」だ。ロンドンで一八〇〇年に生まれたジョンは思う。わたしはなぜここに存在するのか。それは神が、ジョンは一八〇〇年にロンドンで生まれるように、意思したからである。「ジョン、存在しなさい。」これは、神の命令なのだ。神はジョンを、存在させないこともできた。でも、存在させた。神は、ジョンが存在すべきだ、と思った。ジョンはほかの誰とも置き換えのきかない、かけがえのない存在だ。そんなジョンを、神は価値があると考えている。これは、神の計画なのだろう。それはどんな計画なのかと考えながら、生きていくのがジョンの人生だ。

⁘

神の命令で生まれたジョンは、神に義務を負っている。ジョンの身体も、ジョンの生命も、神から与えられたもの。神のものだ。ジョンの住居や食べ物も、神の配慮であり、恵みだ。ジョンは、神に感謝しないわけにはいかない。

自分がここに存在することを、誰に感謝すればよいか。神に感謝すべきである。親に感謝するのは、神に感謝したあとでなければならない。（ちなみに、儒教なら、まず親に感謝し、ついでに祖先に感謝する。）

神の主権

なぜ神は偉大で、人びとは神を畏《おそ》れなければならないのか。

それは神が、この世界を造ったからだ。

造ったのなら、造られたものは、造った神のものである。それは、あなたが犬小屋を造ったなら、あなたのものなのと同じだ。

モノを造れば、そのモノに対する所有権（支配権）がうまれる。

神が世界を造ったのなら、世界は、神のもの。神は、世界を支配している。神は世界を壊してもよい。自分のモノなのだから。

この世界に対する神の支配権を、「神の主権」という。

⁘

「主権」は、憲法の時間に習った。英語ではsovereignty。君主の権力という意味である。それを市民（国民）が奪い取った。国民主権という。

主権は、こうと決めたらそれで決まりで、別の誰かに「取り消し」と言われないことをいう。

神の場合も、こうと決めたらそれで決まりで、誰にも覆されない。主権である。

神は「全知全能」である。「全知」だから、なんでも知っている。知らないうちに、この世界で何かが起こったりしない。「全能」だから、なんでもできる。逆に言えば、ある出来事が起こらないなら、神はその出来事を起こそうと思っていないのだ。

⁘

神は、この世界を滅ぼそうと思えば、いつでも滅ぼせる。世界が滅んでいなくて、平穏に暮らせることは、神の恩恵である。神は、この自分を滅ぼそうと思えば、いつでも滅ぼせる。滅んでいなくて、生きているのは、神の恩恵である。

この世界は、神の意思のあらわれである。神の意思で起こる出来事を、奇蹟という。自然は、奇蹟である。この自分が存在することも、奇蹟である。

あなたがある画家の作品を、たとえばゴッホの向日葵《ひまわり》を、観ているとしよう。絵の具が塗られているそのひと筆ひと筆は、画家がそのように作品を造ったのだ。作品の隅々までが、画家の意思である。そんなふうに、作品を観ないだろうか。

もしも神がこの世界を観れば、自分の作品に観える。それなら人間も、世界をそのように観ないでよいだろうか。

世界の終わり

神は、世界を造った。そして時が来れば、世界を壊す。これを、終末という。

やがて終末がやって来る。世界は、存在しなくなる。

日本の人びとは、自然がやがて存在しなくなる、という発想がない。中国の人びとも、その発想がない。どんな変動があっても、自然は変わらぬまま、という感覚がある。

一神教で、永遠に存在するのは、神だけである。神以外のものは、すべて被造物で、永遠ではない。

❖

一神教でもユダヤ教だけは、実は、はっきりした終末の考え方をもっていない。やがて神は、この世界に直接介入して、世界は正しくなるだろう。でもそのとき、世界が完全に壊れてしまう、とまでは考えない。

これに対して、キリスト教とイスラム教は、終末の考え方がはっきりしている。やがて世界は壊れて、存在しなくなる。

終末を織り込むと、時間の流れはつぎのようになる。

（創造の前）
神がいる
⇦
（創造の後、終末の前）
神がいる
＋

世界がある（天地、山や河、植物や動物、人間が存在する）
⇦
神がいる
＋
（終末の後）
世界がなくなり、人間だけが存在する

人間だけが選ばれて、神に救い出される。これが、「救い」である。

永遠の命

終末と、人間の生き死には、どういう関係があるか。

一神教では、生命は、神が人間に与えたと考える。それが取り上げられて死ぬのは、神の下す罰である。

言い換えるなら、人間は本来、死なないのである。

⁘

神と人間は、もともと正しい関係だった。それが、人間の罪で、正しくなくなった。神はそれを、終末の機会に正しくする。そして人間に、永遠の命を与える。

だとすれば、終末は、人間にとって、喜ぶべきことである。人間には、新しい住《す》み処《か》が与えられる。キリスト教では「神の王国」、イスラム教では「緑園」などとよぶ。そこで人間は、赦《ゆる》されて永遠に生きるのだ。

最後の審判

では誰が赦されて、神と一緒に生きるのか。

それを決めるのが、最後の審判である。

最後の審判は、裁判である。神が人間を裁く。一人ひとりを、個別に裁く。人間は自分に責任を持てばよいので、ほかの誰かの責任は負わない。人間は一人ひとり別々に造られたのだから。罪状は、神に背いた罪。それを赦すかどうかは、神が裁量で決める。有罪なら、永遠の炎で焼かれる。無罪なら、神と共に永遠に生きる。

⁘

裁判と聞くと、嫌だなと思う日本人が多い。そう思ってはいけない。

一神教の考え方は、裁判はよいものだ、である。裁判は、正義を実現する。裁判は、弱者を守る。ユダヤ法にも、イスラム法にも、弱者を保護しなさい、と明文で書いてある。人びとは法律や裁判を、信頼する。

最後の審判は、よく考えると、人間を保護する仕組みだ。

神は、主権をもっている。人間を、煮て喰おうと焼いて喰おうと勝手のはず。でも、いきなり人間を滅ぼしたりしない。必ず裁判を開くことになっている。裁判だから、証拠調べがあり、判決理由も必要になる。神は、その判決について、責任を持つのだ。

⁘

いつ世界が終わるのか

終末、そして最後の審判、と聞くと、それはいつのことなのか、そして、誰が救われるのか、気になる。

まず、終末はいつやって来るのか。それは、人間にはわからない。真夜中の泥棒のように、まさか今日ではあるまい、と思う日にやって来る、とイエスは教えた。今晩かもしれない、ということだ。

終末がいつやって来るかは、神が知っていればよく、人間は知ることができない。いつ終末が来てもいいように、準備をしておくことが大事だ。

終末はどんな出来事か

終末になると、世界はどうなるか。

終末について、具体的に書いてあるのは、新約聖書の最後の「ヨハネ黙示録」である。一世紀ごろ、パトモス島に、ヨハネという信徒がいた。あるときヨハネは幻をみる。天に上げられ、これから起こる終末の様子を、つぶさに目撃する。

そのとき、天体は地上に落ち、地震が起こり、海は荒れ、陸地は水没し、飢饉《ききん》と疫病が広がる。天使の軍勢が出撃する。ハルマゲドン（メギドの丘）で悪の軍勢を打ち破り、千年王国を樹立する。死者が復活し、最後の審判が行なわれる。あらゆる種類の災厄が襲うのが、終末だ。

そのあと、神の王国が空中から現れる。豪華なつくりで城壁のある都市だ。救われた者たちは、そこに入ることを許される。

以上は、キリスト教の場合。イスラム教の場合は、緑園の描写が具体的で魅力的だ。人びとはめいめい庭つきの豪華住宅を与えられ、召使たちにかしずかれる。

・

誰もが復活する

さて、キリスト教とイスラム教に共通するのは、人間は例外なくみな、復活すると考えていることだ。

復活。英語では resurrection。死んだ人間が、新しい肉体を与えられ、もとの人間として生き返る。そんなことがあるわけがない、と思うかもしれない。あるわけがないことが起こるのが、神の奇蹟である。

死んでも、生き返る。これを信じるのが、キリスト教、イスラム教だ。ハードルが高い考え方かもしれない。でもこれを信じる気持ちを理解しないと、一神教を理解したことにはならない。

⁘

ユダヤ教は、人間が復活するかどうかについて、論争があった。福音書に、そのことが書いてある。

はじめユダヤ教は、人間は死ねば土に還《かえ》る、と考えていたようだ。人間はもとはと言えば、無機材料（土）から造られたのだから、死ねば分解して無機材料に戻る。合理的な考え方である。

旧約聖書のエゼキエル書37章にこうある。神は預言者エゼキエルに、枯れた骨に向かってこう言えと言う。「見よ、わたしはお前たちの中に霊を吹き込む。すると、お前たちは生き返る。」ここで霊とは、神から出る命の息吹のこと。するとエゼキエルの見ている前で、骨はつながり、肉と腱と皮膚を生じ、生き返って大集団になった。

神はなんでもできる。神が命じれば、死者も復活する。これが一神教の考え方である。ユダヤ教は、果たして神がそう命じるかどうかについて、意見が分かれていたのだ。

復活は、二度目の創造

復活は、ハードルの高い考え方だ。

でもよく考えてみれば、神が人間を造った、もハードルが高い。そして、創造を信じることができれば、復活を信じることは容易である。

ロンドンで一八〇〇年に生まれたジョンを例にしてみる。

（創造）　神が、ジョンを造ろうと思う

⇦

無機材料から、ジョンを造る　（神は設計図を持っている）

（復活）神が、ジョンを復活させようと思う

無機材料から、ジョンを造る（創造のときの設計図をまた使う）

⇦

復活のとき、神がやることとは、創造のときと同じである。だから、難しくない。いや、二度目のほうが、ずっと簡単かもしれない。

すると、つぎのことが言える。

復活は、二度目の創造である —— *12*

ジョンが知らないうちに、ジョンの精神のバックアップが、刻々神に送信されている。そのバックアップデータがあれば、ジョンはすぐ再現できるだろう。

人間は死なない

人間は復活する。これを信じることが、キリスト教の核心である。

これまで復活したのは、イエス・キリストだけである。終末のとき、人間はみな復活す

る。それを教えるため、十字架で死んで、三日目に復活した。そして弟子たちに現れ、そのあと天に昇った。やがて再び来て、生きている人びと、死んで復活した人びとを裁く。このことは、たとえばニケア信条に書いてある。

イスラム教は、イエスは十字架にかからず、直接天に上げられた、十字架で死んだのは誰か身代わりだった、と考える。イエスは終末のとき、再びやって来る。死者はみな復活する。キリスト教と細部は違うが、復活と最後の審判を信じているところは同じだ。

⁘

まとめると、こうである。

人間は、ひとり残らず復活する。復活は、死んだあと、「もう一回だけ」「自分に」生まれることである。復活したら、自分が復活した、と自覚できる。意識が持続する。人格が持続する。責任が持続する。ジョンは、いちど造られたら、もうこの世界から消えてなくなることはない、のだ。

救われる場合、ジョンは復活したあと、神の王国で永遠に生きる。救われない場合、ゲヘナ（エルサレム郊外）という場所に連れて行かれ、「永遠の炎」に焼かれて永遠に苦しむ。このどちらかになると考えるのだ。

ジョンがジョンである。個人が個人である。そのことの責任を、神は厳しく問う。それに応えて、神を畏れ、敬い、日々を過ごすべきである。死んでも、その責任は逃れられない。

人間は死ぬ。いちおう。しかし、復活する。必ず。そしてもう死なない。永遠に。つまり、「人間は死なない」のである。

一神教では、人間は死んでも死なない、と考える —— 13

これは、とても特異な考え方かもしれない。ほんとにそんなこと信じているの、と聞きたくもなる。けれども、これを信じるのが一神教（キリスト教、イスラム教）なのだ。

創造と復活

一神教で、ハードルが高くみえる考え方。それが復活だった。

けれどもそれはみかけで、復活と創造は、理屈としては同じことである。復活は、第二の創造である。よって、神を創造主と信じる一神教は、復活を信じることができる。キリスト教も、イスラム教も、そのように信じる。

⁘

ユダヤ教は、神を創造主と信じるけれども、必ずしも復活を信じない。復活を信じない一神教と、復活を信じる一神教とは、どう違うのだろうか。死ねば土に還って、復活しないと考えているユダヤ教徒も、復活を信じているのとそんなに変わらない、と言えると思う。

神は、全知全能である。そして、ジョンを造り、メアリーを造り、リチャードを造り、その一人ひとりの内面や一挙一動をつぶさに知っている。そして記憶している。その神が永遠に存在し、記憶をもっているのなら、神とともに、ジョンはジョンとして、メアリーはメアリーとして、…永遠に生き続けるのではないか。それなら、復活したのと同じではないか。

生きて存在した事実

これをもう一歩進めると、こうならないか。

この世界に、創造神などいないとする。世界はただ、自然法則と因果関係によって、起こっているだけである。自然法則と因果関係の積み重ねによって、ジョンはジョンとしてこの世界に存在し、メアリーはメアリーとしてこの世界に存在している。あるときジョンは生まれ、ジョンとして生き、そして死んだ。二度と、復活しない。ジョンはジョンの死を境に、永遠に存在しなくなる。やがて人びとはジョンのことを忘れ、ジョンがいた痕跡は跡形もなくなってしまう。ジョンを記憶してくれる神がいないのだから。

のだとしても、それが何だろう。誰もがそのように忘れられ、すべての出来事が跡形もなく消え去っていく。神がいても、それに介入しないのなら、神がいないのと同じことである。

すると、神がジョンを記憶しているとは、ジョンが確かにこの世界にいて、活動していた、という「事実」のことになる。ジョンのことを皆が忘れようとも、ジョンがこの世界にいた証拠が失われようとも、そんなことは関係ない。ジョンがこの世界にいたことは、確かな事実なのだから。この事実は、決して否定できない。

この疑いようのない事実に満足し、感謝すれば、それは創造神を信じ、復活を信じるのとほぼ同じである。そこでつぎのように言える。

自分が存在した事実に満足すれば、
神の創造と復活を信じるのとほぼ同じだ ——14

神が当面、世界の外にとどまり、世界に介入せず、終末のときまで主権の行使を控えている。すると、人間には当面、神が存在するのとしないのとは区別がつかないのだ。

創造とはなにか

神が世界を創造したと考えるのと、考えないのとでは、どこが違うのか。

「ほぼ同じ」と14で言えたとしても、まったく同じなのかどうか。

⁘

神などいないと確信する唯物論者がいたとする。彼（女）は世界をみて、自然法則に支配されていると思う。自分も自然の一部なので、自然法則に支配されていると思う。自然法則は自然法則なのであって、その背後には何もない。自分が存在するのはなぜか。自然法則が自分を存在させているからだ。

さて、自然法則は、因果法則である。前提（初期条件）を特定すると、原因から結果が説明できる。自分の存在を自然法則で説明するとは、前提をおく、ということである。

この前提（原因）は、なぜそうなのか、とりあえず説明されない。前提（原因）もまた自然法則によって起こったとすれば、前提のそのまた前提を考えなければならない。これには終わりがない。そこで結局、なぜ自分はここにいるかを自然法則で説明しようとすると、説明されない前提が残ることになる。（この前提はいま、ビッグバンとひとくくりにされている。）自然法則による説明は、世界を覆い尽くすことができないで、説明できない穴が残る、ということだ。

ウサギ／アヒルの図

（ヴィトゲンシュタイン『哲学探究』より）

⁘

説明できない穴（前提）は、因果法則の枠組みでは、「偶然」である。なぜそうか説明できないのに、そうなっているからだ。そこで、自分が存在するのは、偶然だということになる。穴は空いたままである。

説明できない穴を埋めようとすると、因果法則（自然法則）で埋めることはできない。因果法則を超えた、原因が必要である。それが創造（神の意思）である！　神が、世界はこのようにあるべきだ、と意思したので、世界はこのようにある。これが、創造である。世界がこのようにあるのは、神がこのように創造したからだ。

創造主である神がいる、という考え方と、自然法則がすべてを支配する、という考え方は、矛盾せず両立する。この世界を自然法則が支配していると考えるひとは、それだけでもよいし、それ・プラス・神が世界を創造した、と考えてもよいのである。

世界を自然法則が支配しているのなら、世界のあり方は（究極のところ）「偶然」である。世界を神が創造したと考えるなら、世界のあり方は、「必然」（神の意思、すなわち奇蹟）である。このふたつは、ウサギに見えたりアヒルに見えたりする「ウサギ／アヒルの図」のように、世界のふたつの「相」（アスペクト）である。ふたつの「相」は、入れ替わり可能である。

この世界を神が創造した／この世界は偶然である、はふたつの「相」である ―― 15

一神教の神（創造主）を信じること／世界は自然法則に支配されていること、は相転移のように、互いに行ったり来たりできる。（相転移とは、プルプルのゲルになったりドロドロのゾルになったりすることである。）

イスラム教の信条

さて、一神教のなかでいちばん論理がすっきりしている、イスラム教の信仰のあり方がどういうものか、ここで押さえておこう。

イスラム教の信仰の基本は、つぎのふたつだった。

a アッラーが、世界を創造した

b ムハンマドは、アッラーの「最後で最大」の預言者である

神アッラーが世界を創造した。アッラーのほかに神はいない。*a*は、一神教の宣言である。

神アッラーは何ものか。それは、アッラー自身が知っている。アッラーが知っていればよく、人間は知らなくてよい。人間は、アッラーが何ものか、理解することはできない。ムスリムのひとに聞いたところ、イスラム教ではなにを議論してもいいが、ただし、神が何ものかを議論してはいけないのだそうだ。

ムハンマドは何ものか。神アッラーの預言者である。このことは、神アッラーが知っており、ムハンマド本人も知っている。成人男性二人（アッラーとムハンマド）の証言があるので、このことは確実である。

神アッラーは、多くの預言者を送った。モーセも、アッラーの預言者である。マリアムの子イーサー（ナザレのイエスのこと）も、アッラーの預言者である。よって、モーセに従うユダヤ教徒（イスラエルの民）も、イエスに従うキリスト教徒も、（広い意味で）イスラム教徒である。先の a を認めていることになるからだ。そのほかにも多くの預言者がいるという。

そのなかで、ムハンマドは、「最後で最大」の預言者である。最大であるから、ほかの預言者よりも、ムハンマドに従うべきである。最後であるから、ムハンマドより後にもう預言者は現れない。ムハンマドの預言が書き換えられることはない。

ムハンマドは最後の預言者だということは、ムハンマドより前に、アッラーの預言者たちがいたという意味である。彼らの預言に従うことを、アッラーは許している。つまり、イスラム教には、ユダヤ教、キリスト教のための場所がある。「寛容」である、と言ってもいいだろう。

イスラム法の成り立ち

では、クルアーン（コーラン）とは何なのか。それは、ムハンマドが神アッラーから受けた啓示（メッセージ）をまとめたもの。どこからどこまでも、神の言葉である。ムハンマドは、それを右から左に伝えただけである。

クルアーンは、ほんとうに神の言葉なのか。神の言葉である。クルアーンの本文は、神自らが一人称で、これは神の言葉であるとのべている。ムハンマドも、クルアーンが神の言葉であることを保証している。クルアーンには、神しか知りえない神秘がのべられている。その完璧な文体も、人間のわざが及ぶものではない。つまり、神の言葉であることは明らかだ。

⁘

イスラム教は、タウヒード（唯一性）を重視する。つまり、

・アッラーはただひとりの神
・ムハンマドはただひとりの預言者
・クルアーンはただ一冊の神の書物
・ウンマ（イスラム共同体）はただひとつ

アッラー⇩ムハンマド⇩クルアーン⇩ウンマ、がストレートにつながっている。とても明快だ。

神アッラーが創造主であることは、クルアーンに書いてある。クルアーンは、人類に向けた神の命令だ。ゆえに、イスラム教徒にとっては、クルアーンが、日常生活を送るうえでのルール（法律）である。クルアーンをルールブックとして生活するのが、イスラム教である。

イスラム共同体の指導者を、カリフ（あるいはイマーム）という。カリフ（イマーム）は、ムハンマドの政治的な後継者である。カリフ（イマーム）も、一人でなければならない。イスラム教が始まって何世紀か経過するうちに、カリフもイマームもいなくなって、いまは空位である。血縁で世襲していたのが途絶えたり、どこかに隠れていなくなったりしてしまった。

ナザレのイエス

イスラム教に比べると、キリスト教はストレートでなく、話の筋が屈折している。イエス・キリストがいるからだ。

イエス・キリストが十字架で死に、復活したことが、キリスト教にとって本質的だ。イエス・キリストは、どういう存在なのか。

⁘

キリストとは、救世主という意味。ヘブライ語で、メシアである。

ナザレのイエスは、ユダヤ教徒で、革新的な思想の持ち主だった。福音書に描かれた数々のエピソードから、そのことがわかる。イエスの死後、イエスがキリストで、神の子だと信じる人びとが増えた。キリスト教がスタートした。それから数世紀をかけてキリスト教の教義がつくられた。

キリスト教の考え

この、ふつうのキリスト教の考え方をまとめると、つぎのようだ。

（1）神（God）がいた

（1‐1）神が、神の子（イエス）を生んだ

（1‐2）神と神の子とから、聖霊が出てきた

（2）神が、世界を造った、人間も造った

(3) 神は、モーセに、律法(契約)を与えた
(4) 神は、人間が律法を守れないので、神の子イエスをキリストとして遣《つか》わした
(5) イエスは、人類の罪を贖《あがな》い十字架で死に、復活して天に昇った
(6) イエスが律法を更改し、新しい契約を結んだ
(7) イエスがやがて再臨し、死者は復活する
(8) イエスが彼らを裁き、救われれば神の王国に入る
救われないと火で焼かれる

創造(2)も復活(7)も、神のわざ(奇蹟)である。神は、誰がいつどこで生まれるか、コントロールしている。復活も最後の審判も、コントロールしている。これが「神の計画」である。

ここで、イエス・キリストの役割は何なのか。

⁘

神は、人間ではない。気安く地上に降り立つわけにはいかない。
イエス・キリストは、人間を救うため、人間として生まれることになった。十字架で処刑され、復活して天にのぼり、いまは出番(再臨)を待っている。

神は、モーセの律法では人類は救われないと思った。そこで、神の子を犠牲にして、人類を救おうという次の手を打ったのだ。

人間は復活する

イエス・キリストは復活した。復活は奇蹟である。復活した人間は、いまのところイエス・キリストだけである。

福音書（ヨハネ11章）には、イエスがラザロを復活させる話がある。旧知のラザロが、病気で死んでしまった。イエスは墓の前で命じる、出て来なさい。するとラザロが、生き返って墓から出て来た。

これは復活（奇蹟）ではあるが、永遠の命をえたわけではない。ラザロはやがて年をとって死んでしまったろう。イエスの復活は、永遠の命をえてよみがえったので、もう死ぬことはない。このように復活したのは、イエスだけだ。

⁘

イエスが復活した。これが、福音（よい知らせ）である。

神は、つまりイエスは、誰がいつ生まれ、いつ死ぬか、完全にコントロールしている。人間は神の命令で、生まれ、死ぬのである。よって、すべての人間に、復活しなさいと命令することができる。

人間はすべて、復活するのか。復活すると信じるのが、キリスト教である。

イスラム教は、イエスが復活したとは考えないのだが、復活を信じる。アッラーが、人間に復活を命じるとクルアーンに書いてあるからだ。

⁘

復活するのなら、人間の行動が変わる。

さんざん悪いことをしたあと、死んでしまえばもう罰せられないのなら、神の支配は不完全になってしまう。死んでも復活するから、罰を逃れられない。神の主権が完全であるためには、人間は復活しなければならない。

イエスの教え

福音書で、イエスはどう教えているか。

イエスは神への祈り方を教える。「主の祈り」だ。「み国が来ますように。」英語ではThy kingdom come.（神の王国が来ますように。）である。

神の王国は、神が人びとを直接支配すること。神がそのうち地上に、神の支配をうち立てることだともとれる。キリスト教はこの箇所を、最後の審判のあと、地上ではないどこかに「神の王国」を築く約束だと理解する。復活した人びとが、そこに招かれる。

❖

命についてはこう言う。「空の鳥を見なさい。種も蒔かず、刈り入れもしない。だが、天の父は鳥を養ってくださる。あなたがたは、鳥よりも価値があるではないか。思い悩んだからといって、寿命をわずかでも延ばすことができようか。」（マタイ6章）

生き物も人間も、神（天の父）が養っている。寿命も決めている。くよくよするだけ無駄である。神を信じ、神に任せて、日々を送るのがよい。

❖

またこう言う。雀の「一羽さえ、天の父の許しがなければ、地に落ちることはない。あなたがたの髪の毛も一本残らず数えられている。」（マタイ10章）髪の毛が一本残らず数えられているのなら、細胞がひとつ残らず、DNAが一本残らず数えられている。

❖

金持ちの畑が豊作だった。「さあ、蓄えができたぞ。ひと休みして、食べたり飲んだりして楽しもう。」だが神は言う、「愚かな者よ、今夜、お前の命は取り上げられる。」自分のために富を積むより、神の前に豊かな者になりなさい、とイエスは教える。（ルカ12章）

❖

イエスの教える「主の祈り」は、「今日もこの日の糧をお与えください」と祈る。明日の糧までは求めない。資源は有限で稀少である。誰もが明日の糧を、来年の糧をと求めれば、貧しいものはもっと貧しくなり、苦しむだろう。今日の糧だけを求め、あとは神に任せるのが、神の主権を信じるということなのだ。

神の王国とは

では、「神の王国」とは、どういうところなのか。イエスの語る断片をつなぎ合わせてみる。

まず、地上と違って、家族がない。

人びとは復活して、永遠の命を与えられ、もう死なない。だから、生殖も必要ない。よって、男も女もない。「死者の中から復活するときには、めとることも嫁ぐこともなく、天使のようになるのだ。」（マルコ12章）夫婦関係は解消され、元夫／元妻として、兄弟姉妹のように暮らすことになる。

つぎに、地上と違って、経済がない。

永遠の命を与えられたら、もう食べることも、生理的な必要もなくなる。食事をしないし、老いることもない。人びとに必要な物資を届ける活動、すなわち経済がなくなる。労働も分業もなく、貨幣もなく、金持ちも貧乏人もない。

さらに、地上と違って、政治もない。

神の王国では、神が人間を直接に支配する。人間が人間を支配することはもうない。だから、政治が存在しない。争いや戦争はなく、平和である。

⁘

家族も、経済も、政治もないので、人間の社会生活の大部分はなくなってしまう。神の王国はそうした場所だ。

これがキリスト教の場合。イスラム教の場合は、天国（緑園）のすばらしい様子が具体的にクルアーンに描かれているのだった。

ゆるい一神教

ここまで、一神教が生と死をどう考えているのか、みてきた。

キリスト教やイスラム教の信仰をもう持っているのなら、このように信じればよい。信仰はなくても関心があるひとは、この機会に教会やモスクに足を向けよう。

でも、信仰を持たないと、一神教の考え方のよいところを取り入れられないのか。

⁘

キリスト教には、信条（クリード）といって、信仰の決まりがある。たとえば、三位一体など。信徒は、文句なしにそう考えなければならない。窮屈である。

宗教改革は、そうしたやり方の一部を、なしにした。たとえばルター派は、七つあったカトリックの秘蹟を、二つに減らした。それでも伝統は、それなりに残っている。

⁘

キリスト教の伝統にもっと批判的な教会もある。信条なるものは、イエスが死んでからずいぶん時間が経って、教会（人間の集まり）が適当に決めたもの。そんなものに縛られる必要はない。

こうした批判は、聖書学や神学の発展を踏まえている。イエスのほんとうの姿を復元しようとする努力も進んでいる。「歴史的イエス」である。

⁘

クエーカーは、ゆるいキリスト教かもしれない。

クエーカーは、洗礼やパンとブドウ酒の儀式などをなくした。牧師もいない。説教も十字架もない。礼拝の式次第もない。内なる光（神がめいめいに現れる体験）を重視する。キリスト教の伝統から外れている。しかし信徒たち（フレンドという）は、キリスト教の本来の姿にむしろ復帰した、という意識をもっている。

ユニタリアンという教会もある。三位一体をみとめない。イエスが神（の子）だとも認めない。イエスは、偉大な教師、という位置づけだ。ユダヤ教やイスラム教や、仏教や…にない。

も敬意を払う。寛容な宗派である。

ほかにも、ユニバーサリストとか、ゆるいキリスト教の宗派がいくつもある。

❖

イスラム教は、クルアーンやイスラム法で、行動パターンがかっちり決まっている。勝手にゆるめるわけにはいかない。

もっともイスラム教は、行動の仕方は決まっていても、考え方は自由で、キリスト教の信条のような締めつけがない。イスラム教は、最初からゆるいのかもしれない。

一神教フリースタイル

一神教をゆるくとらえるとは、その本質を取り出し、枝葉にこだわらないことである。特定の教会や宗派にこだわらないで、一神教の本質に触れたいと思っているひとは大勢いるはずだ。その手がかりとなるように、それを取り出してみたい。

1．世界は、偶然ではない

この世界の出来事のあるものは、必ず起こるはずのこと（必然）である。またあるものは、そうでなくてもよいこと（偶然）である。

偶然を強調する仕掛けが、サイコロやルーレットである。みていると、なるほど、偶然だと思える。いっぽう、日蝕が予定どおりに起こったりすると、なるほど、世界は自然法則に従っているのだと思える。

⁘

このわたしが、ここにこうしていることはどうか。

ある意味、それは偶然である。A学校を卒業し、B会社に勤め、Cさんと結婚した。子どもも二人生まれた。そうしようと意思したことでもあるが、すべてが思い通りになるわけでもない。入試に失敗し、別な仕事をし、別な誰かと結婚していたら、別な人生になったはずだ。それなら、A学校を卒業しなかった、B会社に勤めなかった、Cさんと結婚しなかったわたしも、やはりわたしではないか。

「この世界」を生きるわたしと別に、まだわたしがいる。そのような考え方を、「可能世界意味論」という。わたしはどの可能世界でも、わたしである。どの可能世界でも、言葉は意味が通じるはずだ。というふうに、考えていく。

可能世界があるかも、という直観はわるくない。でも、この考えを徹底させると、「このわたし」がいなくなってしまうかもしれない。A学校を卒業しなかったわたし。2歳で歩けるようにならなかったわたし。いまの両親から生まれなかったわたし。イヌに生まれたわたし。…。

結果、どう考えればよいのか。

この世界にはたしかに、多くの偶然がまじっている。けれども、多くの必然もまじっている。偶然と必然が織りなす全体が、この世界である。

❖

この世界は、大部分が必然で、残りが偶然である ―― *16*

そこに、「このわたし」がいる。

まず、この世界の必然の構造を理解しよう。科学の教える自然法則が助けになる。それに満足して、この世界の偶然に無頓着なタイプのひともいる。「残りの偶然」は無視すればよい。すると、この世界は必然だけになるので、「合理主義者」としてやって行ける。

しかし合理主義者は、自分が「このわたし」であることを説明できない。自分が「このわたし」であることの核心には、偶然が居すわっているからである。すなわち、

自分が「このわたし」として存在することは、合理的に説明できない ―― *17*

わたしが存在することは、偶然だ。そう考えるのは、ひとつの行き方である。それに対して、それは偶然でなく、ある意思の働きだ。そう考えるのは、もうひとつの行き方である。自分は、なにものかの意思によって、存在する。そのなにものかを、神とよぶ。一神教は、そのような行き方である。

わたしが存在するのは、偶然だとも、なにものかの意思だとも、考えられる。この世界をどう観察しても、そのどちらでなければならない、と結論はできない。それはふたつの異なった「相」のように、この世界について成立する「見え方」である。

2・世界は、創造主の意思である

「このわたし」の存在は、偶然でなく、なにものかの意思である。そのなにものかは、神である。その神が世界を創造した。

「創造」とは、意思によって存在をうみだすこと。創造によって世界が、そして「このわたし」が存在するようになった。それなら、自分が存在することには、理由がある。その理由を、考えてみることができる。とことん考えてみることができる。世界を偶然と考えていたのでは、こんな突き詰め方はできない。

神が「このわたし」を創造した。必然とされている部分も偶然とされている部分も、丸ごと創造した。なぜなら、神は、世界を丸ごと創造したからである。

かくある世界のすべてを神が創造した。世界には、神の意思が行き渡っている。

創造は、神のわざである。創造されたのは、自然である。自然に、人間の手は加わっていない。

創造されたあとの世界に、人間は手を加えている。それを、人のわざという。文化である。人のわざは、神のわざに支えられ、神のわざと合わさって、実現する。

要するに、すべての出来事は、神のわざか、神のわざがかたちを変えたものである。

⁘

神の意思が世界に行き渡っているのなら、世界の出来事のひとつひとつが、神の意思である。神からのメッセージである。メッセージなら、その意味はなにかと、あれこれ考えてみることになる。

3．創造主は、神でなくてもいい

神は、言葉で人間に語りかける。預言者はそれを書き留める。

神はまた、世界のさまざまな出来事を通して、メッセージを伝える。

そこで人間は、神を信じ、神に従った。神は人間を上回る、巨大な存在だった。

神が巨大な存在で、神に人間が従わなければならないのは、人間が人間に従わなくてもよいためだった。古代は、奴隷制の社会。人間が人間に従わなければならない悲惨が、目に余った。

⁘

けれども、そうした批判は、一神教にも向けられる。もしも神が、人間のこしらえたものなら、これ以上の罪はない。神が存在すると言うが、人間の都合で、神が存在することにしているだけではないか。

⁘

このように、神の存在にハテナ?をつけると、世界はもとの偶然に逆戻りするのか。いや。神はいないかもしれないが、世界を存在させる意思は、確かにある。そう考えることもできる。

クエーカーは、内なる光を重視する。人間が、世界を存在させる意思と触れ合う体験である。それは、神か創造主かよくわからない。そういう触れ合いができるなら、イエス・キリストは必ずしも必要なくなる。

ユニタリアンは、あえて神と言わず、至高のもの、偉大なもの、などと言う。人間を超えたもののことだ。至高のもの、偉大なもの。神ではないから、人間と契約を結ばない。人間に命令もしない。人間が自分をみつめるときに、じわじわ滲《にじ》み出てくるものだ。

この創造主に敬意をもつのが、一神教フリースタイルである。

あなたもできる一神教

ここまで一神教をゆるくとらえるなら、誰でもすぐ一神教を始められる。ユダヤ教、キリスト教、イスラム教などに、とらわれなくてもよい。

やり方は簡単だ。

⁘

まず、ここに「このわたし」がいるとはどういうことか、考える。小さくて弱くて、有限の存在であるなあ、とみつめる。

有限である。自分が生まれる前に、さかのぼれない。自分が死んだあとに、思い及ばない。自分が経験できるのは、世界のほんの一部である。なぜ自分が存在するのかと考えても、考え切ることができない。

そこでわかること。世界は大きい。「このわたし」は小さい。

「このわたし」をここに存在させているのは、自分を超えた世界の拡がりだ。世界は大きくて、その果てまでは到底たどり切れない。逆に、その大きな世界が、わたしをこのように存在させている。

わたしをこの世界に存在させているはたらき。それを、偶然とよんでしまうと、この世界から意味が消え失せる。ならばそれを、創造主とよぼう。創造主が、世界とこのわたしを造った。その意思に応答するように、生きよう。応答し終わって、命を終えるのだ。

⁘

というふうに考えれば、誰でもあなたなりの流儀で、一神教フリースタイルの生き方ができる。

もちろんこんなふうでなくても、仏教フリースタイルや、儒教フリースタイルや、日本教フリースタイルでもかまわない。そのことは、本書の最後にのべることにしよう。

3章・インドの文明は、死をこう考える

インド。

メソポタミアから隔てられた、もうひとつの文明の中心だ。

インドには古来、アーリア民族が侵入し、先住民族を支配して、いわゆるカースト制を成立させた。アーリア民族が持ち込んだ宗教は、バラモン教だった。それが徐々に土着化して、ヒンドゥー教になった。（ヒンドゥーとは、「インドの」という意味である。）そこから、ジャイナ教や仏教も、派生した。

それらをまとめて、インド文明の宗教と考えることができる。

⁘

インドにはそのあと、イスラム教が伝わった。イスラム教は一神教で、ヒンドゥー教とたいへん違った考え方である。イスラム教とヒンドゥー教は、厳しく対立した。いまでも互いに、水と油の関係である。

⁘

バラモン教、ヒンドゥー教、仏教には、共通するインド文明の思考が根底に横たわっている。それをまず、理解しよう。

インド文明のうみだした宗教のうち、仏教が、中央アジア、中国、朝鮮半島をへて日本に伝わった。日本の人びとは、大きな影響を受けた。仏教についても理解しよう。

そうすることで、死について、もうひとつの考え方を手に入れることができる。

3・1 インドの宗教

因果論

インドの人びとの考え方の基本は、因果論である。英語で causality という。仏教では、因縁《いんねん》とか縁起《えんぎ》とかいう。ふつうの日本語になっている。

因果論とは、どういうものか。

原因があって、結果がある。そして、原因がなければ、結果がない。とてもシンプルな考え方である。

ある出来事Aが、別な出来事Bを引き起こすのだ、としよう。ひき起こす側が原因、ひき起こされる側が、結果である。すなわち、

出来事Bをひき起こす出来事Aを、Bの原因という —— *19*
出来事Aによってひき起こされる出来事Bを、Aの結果という —— *20*

これをまとめれば、

図3-1

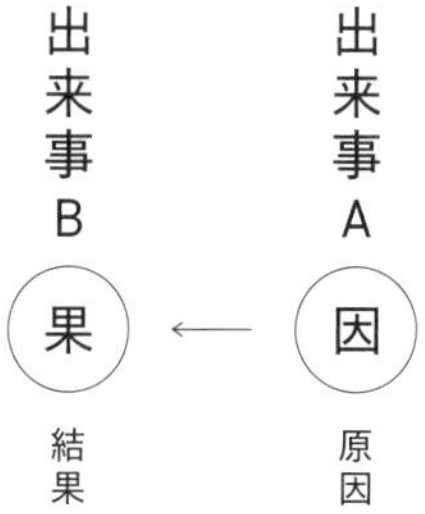

出来事A（原因）⇦出来事B（結果）——21

である。

原因と結果の関係は、観察できる。理解もできる。神秘的なところは少しもない。

因果論は、合理的な考え方である。近代的な考え方でもある。

⁘

出来事Aがなぜ、出来事Bを引き起こすのか。理由はわからない。けれども、何回も繰り返すので、A⇩Bの因果関係があるのは確かである。因果論それ自体は、神の信仰と直接の関係がない。

インドの因果論はやや特別で、どんどん複雑になって、世界を覆い尽くそうとする。すると、因果論なのに、宗教と言ってよいようなものになる。

目的論と因果論

因果論の反対が、目的論である。英語では、teleology という。

一神教の考え方は、目的論である。

目的論は、途中経過はどうあれ、最終的には決まった状態が実現する、という考え方。全知全能の神がいれば、神の意思で、思い通りの状態が実現する。それが、終末（世界の終わり）であり、最後の審判であり、神の王国であった。

神が介入するまでの間、世界は自動的に（因果関係で）運行するようにみえるかもしれない。けれども、いったん神が介入すれば、因果法則よりも神の意思が優先する。世界が目的論によって動いていたことが露わになる。

⁘

因果論には、目的論の「最終的な状態」にあたるものがない。出来事は、どこまでも因果関係をたどって起こり続ける。終わりがない。

因果論のロジックを徹底させると、世界はどのようにみえてくるのだろうか。

図3-2

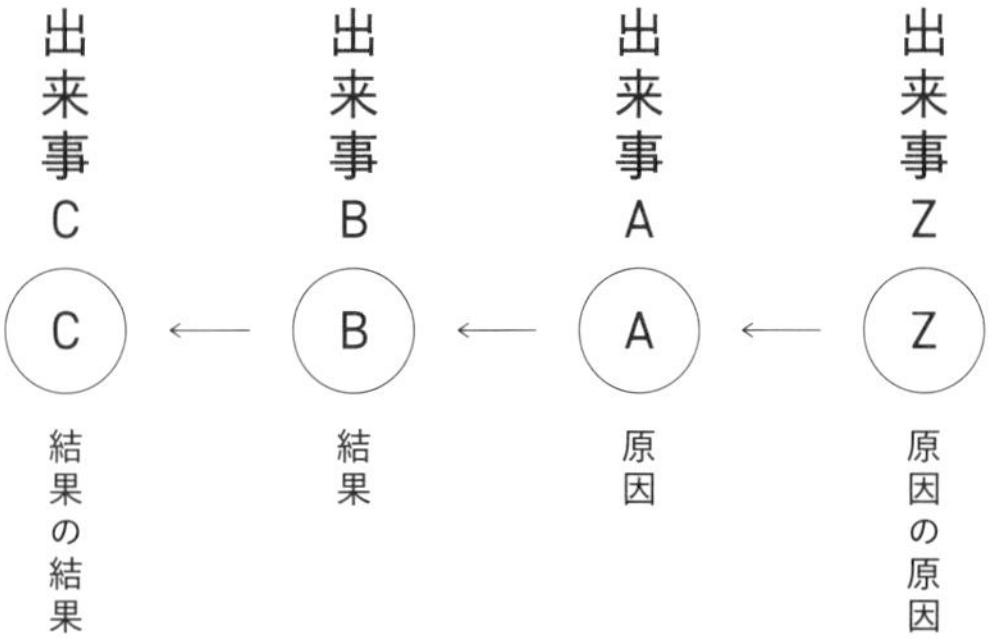

因果のネットワーク

因果関係は、出来事と出来事の関係だった。結果は、出来事である。そこで、また別の出来事の原因になりうる。原因は、出来事である。そこで、また別の出来事の結果でありうる。そこで、*21*の因果関係は両側に延長されて、

出来事Z（原因の原因）
⇦ 出来事A（原因）
⇦ 出来事B（結果）
⇦ 出来事C（結果の結果）―― *22*

と書くことができる（図3-2）。

図3-3

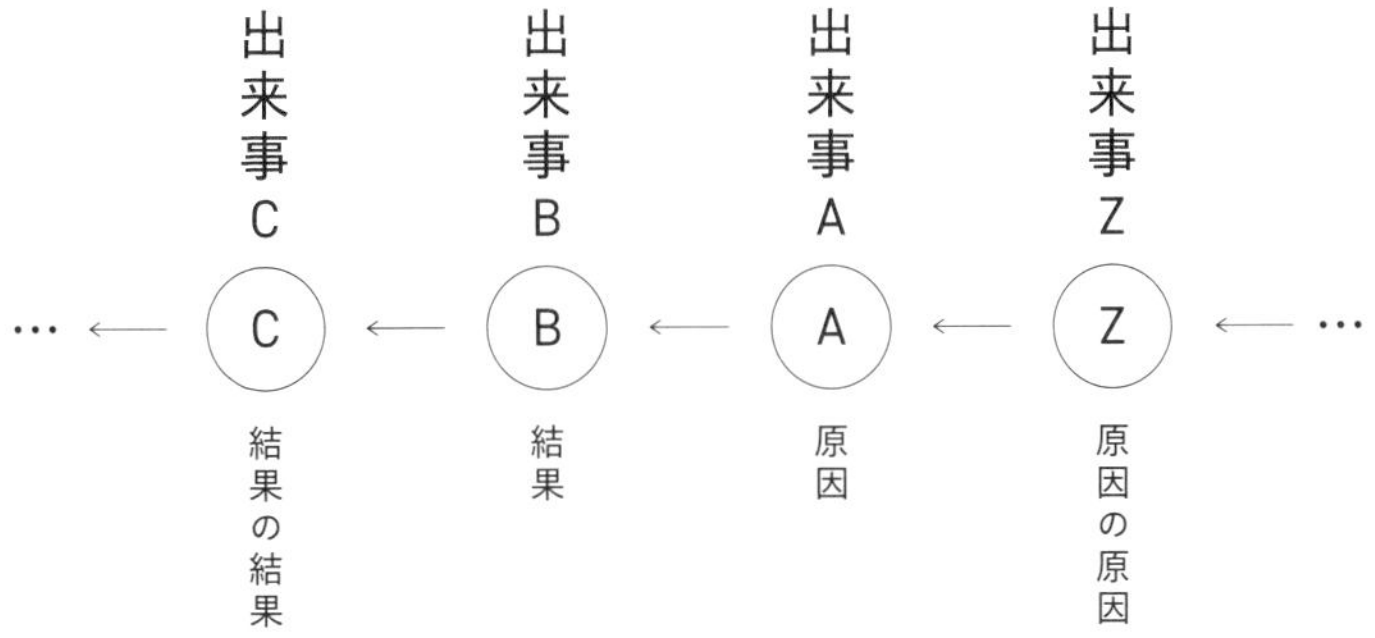

⁘

この原因／結果の連鎖は、これだけにはとどまらない。原因の原因には、原因の原因の原因があるだろう。それには、そのまた原因があるだろう。…。

また、結果の結果には、結果の結果の結果があるだろう。それには、そのまた結果があるだろう。…。この連鎖は終わりがない。強いて描くなら、図3-3のようだ。

原因の原因の原因の…をさかのぼると、行き止まりがない。世界の始まりに向かって、どこまでもさかのぼる。結果の結果の結果の…を追っていくと、行き止まりがない。世界の果てに向かって、どこまでも続いていく。

⁘

それだけではない。ある出来事は、結果として、たったひとつの出来事をうむだけとは限ら

図3-4

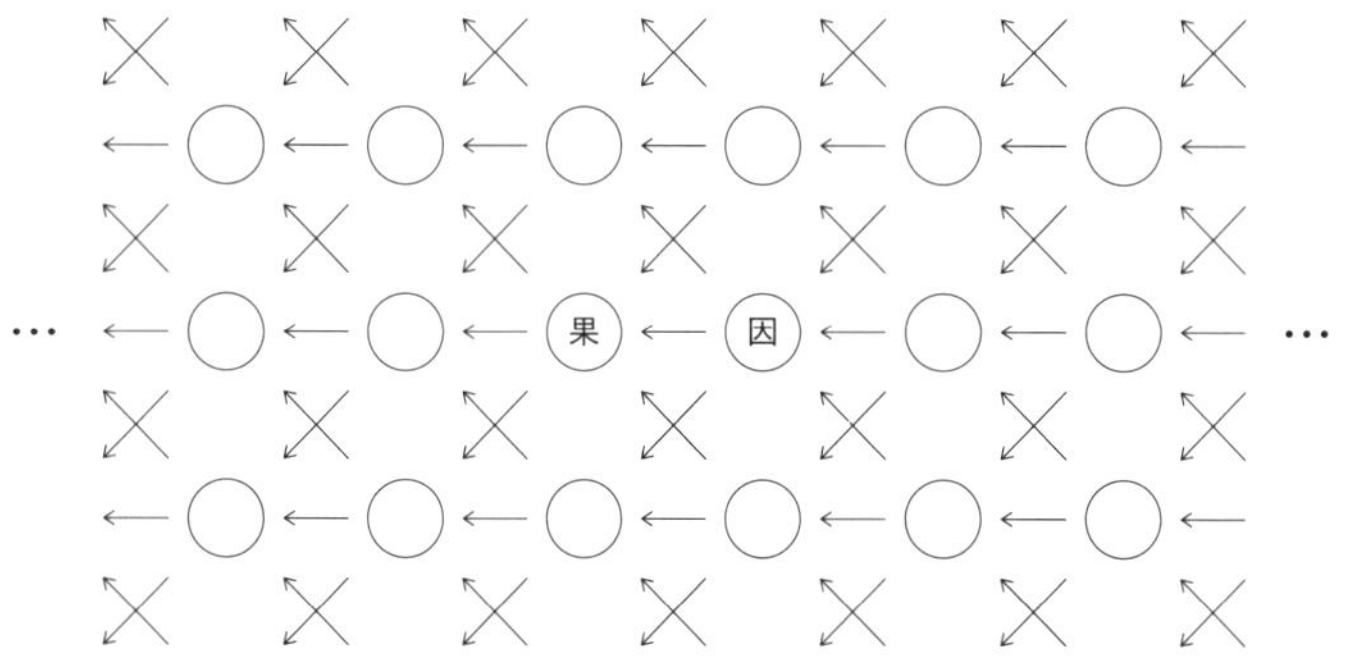

ない。同時にいくつもの結果をうむだろう。また、ある出来事は、原因として、たったひとつの出来事によるだけではないだろう。いくつもの出来事が原因となって、ひき起こされると考えられる。

これを表すならば、図3-3の連鎖は、図3-4のように描き直すことができる。

出来事の因果連鎖は、網の目のように、この世界を覆っている。あらゆる出来事が、この因果連鎖のネットワークのなかで、起こっている。「このわたし」も、そうした因果連鎖のなかに結ばれた出来事のひとつである。

真理を覚る

さて、インド文明は、「真理を覚《さと》る」ことに最高の価値を置く。バラモン教もヒンドゥー教も、仏教も、この点は同じだ。

「真理」とは何か。世界のあるがまま、出来事のあるがままを、認識することだ。その認識、すなわち「真理を覚る」ことは、可能である。そして、「真理を覚る」ことは、最高の価値がある。インドの人びとはそう確信している。

⁘

真理を覚るとは、この世界のあるがまま、すなわち因果関係の連鎖のネットワークを認識することである。

すると、それは、自然科学と似ている。自然科学も、この世界の因果関係の連鎖を、認識し尽くすことを目標にするからである。

インドの宗教と自然科学は、では、やっていることがまったく同じか。目標は、同じかもしれない。でも、方法が異なる。

自然科学の方法

自然科学は、観察と実験にもとづく。

自然科学はものごとを一度に認識しようとしない。それをばらばらに分解する。物理／化学／生物／地学／天文学／…。それがさらに細かく分かれている。物性物理／電子物理

／…。それがまた分かれている。関心を、ある範囲に絞る。

そして、実験をする。実験とは、条件をコントロールすること。考えたい要因（変数）間の関係を取り出すため、それ以外のすべての要因（変数）を一定に保つ。このように条件をコントロールして、自然法則の一部を取り出そうとする。あとは、そうした個別の結果をつなぎ合わせて行けば、世界の全体を認識できるだろう。

科学者は、一度に全体を認識しようとしたりしない。一部で我慢する。将来科学が進歩すれば、やがて自然の全体がわかるだろう、と期待する。

瞑想という方法

それに対してインドの宗教は、「瞑想《めいそう》」によって、真理に到達しようとする。瞑想は、実験も観察もしない。いきなり真理の全体を、把握しようとする。「このわたし」がいますぐ、真理をつかもうとする。

もうひとつ、因果関係の範囲が、自然現象にとどまらない。善悪や道徳も因果の一部である。よい行ないをする⇩よい結果が起こる、のように、人間社会も貫いている。

瞑想とはなにか。

瞑想とは、精神を集中すること。英語では、meditationである。じっと座り、自分の精

図3-5

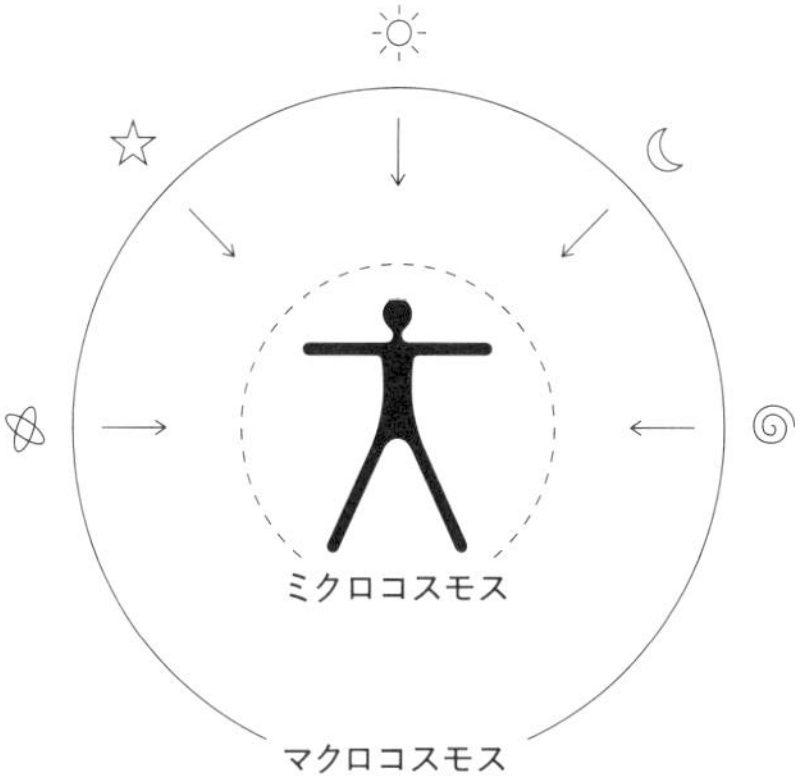

神に注意を集中する。

自分の内面を見つめると、なぜ真理が認識できるのか。

宇宙方程式

瞑想で真理に到達できるのは、インドの人びとが、「宇宙方程式」が成立すると考えているからだ。（宇宙方程式は、私が名づけた。）

どんな方程式か。

この世界（宇宙＝マクロコスモス）と、「このわたし」（自分＝ミクロコスモス）が、対応していること。

数学に、同型写像（isomorphism）という考え方がある。集合から集合への一対一写像で、演算などの数学的構造が保存されるもののことだ。たとえば、ジャンケン（石／カミ／ハサミ）と、キツネケン（庄屋／キツネ／猟師）みたいに。平たく言うと、集合としては異なるが、なかみはそっくり、ということだ。

世界と自分も、集合としては異なるが、なかみはそっくり、になっている。あそこに山があるが、自分の中にもある。目の前に友人がいるが、自分の中にもいる。だから、内省して自分をみつめると、世界のありさまがありありと映じてくるのである（図3-5）。

⁘

自分（ミクロコスモス）のなかに、世界（マクロコスモス）が入り込むものだろうか。それなりに合理的な考え方ではある。

たとえば、宇宙の数百万光年のかなたに、アンドロメダ銀河がある。それを、あなたは視ている。銀河は、はるかかなたに存在する。あなたの内部にはない。だが、銀河から出た光線は、はるばる宇宙のかなたからやって来て、あなたの眼に飛び込んだ。そして、網膜に像を結び、それが脳に伝わって、アンドロメダ銀河として認識された。この意味で、アンドロメダ銀河は確かに、あなたの内部にある。ならば、世界がそのまま、あなたの内部に縮小されて像になっている、と言えるではないか。

もともと人間が外界を認識するとは、このようなことであるとすると、インドの人びとが、宇宙方程式が成り立つと考えるのは、理由のあることなのだ。

――図3-6

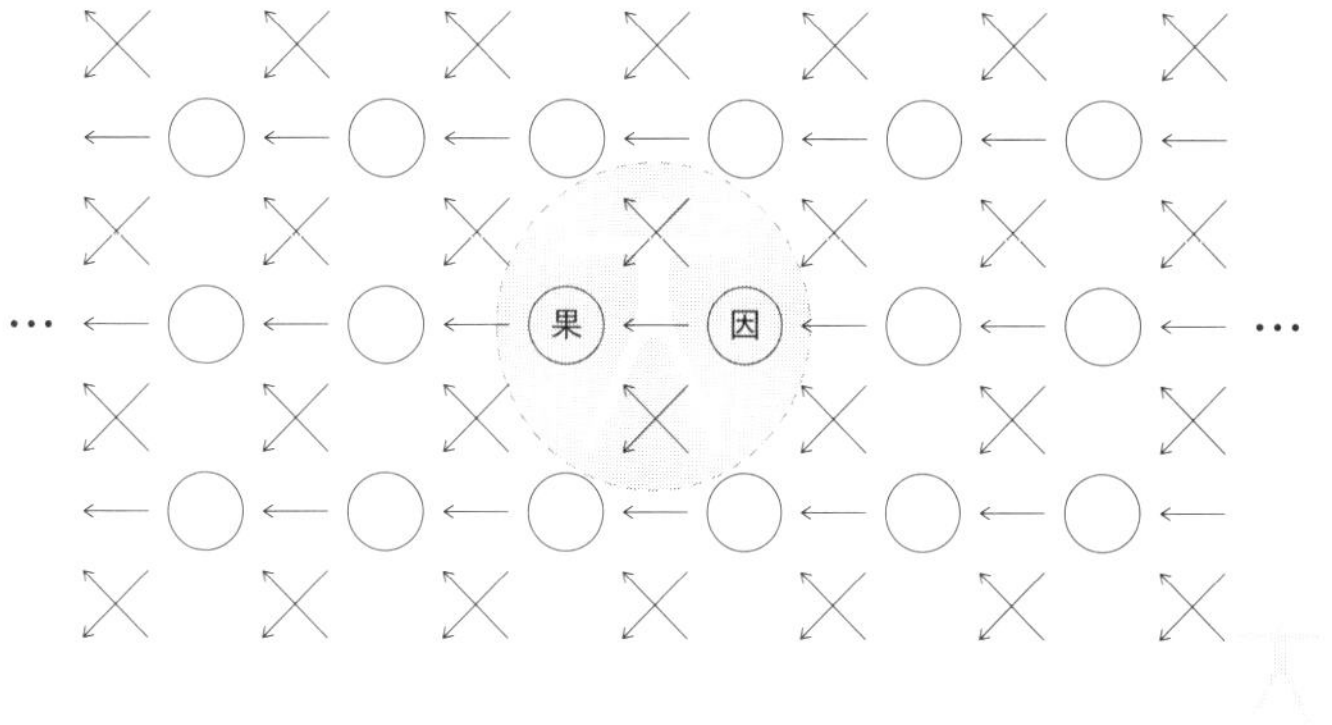

真理は覚れるか

瞑想すれば、必ず真理を覚れるのだろうか。必ず真理を覚れるわけではない。いや、たいていの場合、ちょっと瞑想したぐらいで真理を覚ることはできない。

瞑想して、精神を集中する。自分を成り立たせる精神のはたらきを、注意ぶかく点検していく。この作業を、図3-4の因果関係の連鎖のネットワークの図と、重ね合わせてみよう（図3-6）。

⁘

人間は誰でも、目の前の因果関係は認識している。石を投げれば落ちてくる。種をまけば芽が出る。目をつぶればものが見えない。

だが、目の前にないことはわからない。これからのことは不明だ。過去のことはおぼろげだ。

遠方のことは知りえない。人間が知っていることは、世界全体にひろがる因果関係の、ごく一部にすぎない。

そこで、瞑想をする。自分が知っている限りの因果関係のネットワークが、浮かびあがってくる。世界のことも、自分のこともわかる。しかし、自分を、「このわたし」を、かくあらしめている因果関係の連鎖のごく一部が明らかになっただけで、残りは明らかになっていない。それは要するに、明らかになっていない、ということである。仏教ではこれを、「無明」とよんだ。

⁘

瞑想には、うまい下手がある。目の前の因果関係を追うことしかできないひとと、その先まで追いかけて、世界のありさまをいっそう明らかにできるひとがいる。世界が明らかになればなるほど、自分の制約は解き放たれていく。

ではその瞑想が、もうこれ以上その先に進めないぐらいまで透徹して、世界を成り立たせる因果関係の連鎖の本質をそのまま掴み取ってしまうことはできるだろうか。できる、とインドの人びとは考える。それが「真理を覚る」ことである。

真理を覚った人間を、聖者という。

ウパニシャッド哲学

ヒンドゥー教は、バラモン教から、多くの聖典をひき継いだ。そのなかに、ウパニシャッドがある。そこにのべられた思想を、ウパニシャッド哲学という。

ウパニシャッドは「梵《ぼん》我《が》一如《いちによ》」を唱える。梵とはブラフマン、すなわち、宇宙の法則。我とはアートマン、すなわち、ほんとうの自己。宇宙（マクロコスモス）と自己（ミクロコスモス）とが、同一であるという主張だ。さきほど紹介した宇宙方程式と、言っていることは同じである。

⁘

宇宙（世界）は、人間（自己）より大きい。人間は、宇宙より小さい。そのほんの一部（真部分集合）にすぎない。そんな宇宙がすっぽり、人間のなかに入り込むなど可能なのか。

可能だとすれば、無限集合の場合だ。

無限集合について、こう習った。無限集合は、ふつうの集合の要素の個数の代わりに、濃度を考える。二つの集合の要素と要素を一対一に対応させて、対応がつくかどうかをみるのである。たとえば、自然数と偶数。偶数は自然数の、真部分集合である。あなたは、自然数のほうが偶数よりも多いと思うかもしれない。ところが、偶数と自然数とのあいだには、一対一の対応をつけることができる。つまり、偶数と自然数とは、濃度が同じであ

――図3-7

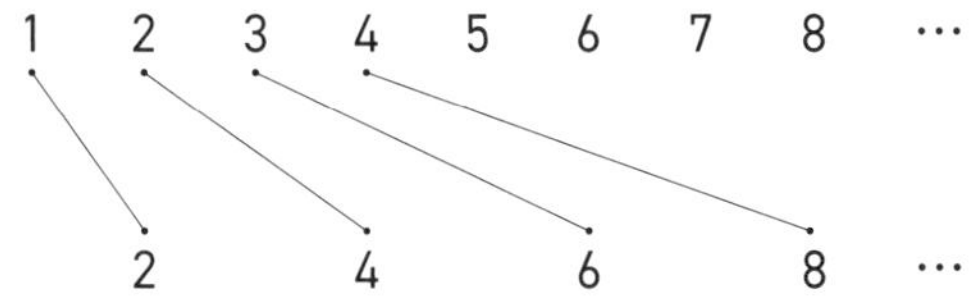

る（図3-7）。

これを参考にすると、宇宙（世界）と人間（自己）との間に、一対一の対応（写像）がつくと言えるのではないか。マクロコスモスとミクロコスモスの図3-5は、そうした一対一対応（写像）が、宇宙（世界）から人間（自己）の上につけられているところ、と理解できよう（図3-8）。

覚りは言葉にできない

真理を覚った聖者は、宇宙から自身のうえに、完全な対応（写像）がついている。だから聖者の真理は、完全である。

そのことが、聖者のまわりの人びとに確証できるだろうか。

真理を覚れなくて、思い迷っている修行者Aがいるとする。その彼が、別の修行者Bと出会

図3-8

う。Bの様子から、Aは、Bのほうが自分よりもレヴェルが上であることがわかる。これを繰り返すと、大勢の修行者のあいだで、誰がレヴェルが上か、順番がつく。もっともレヴェルが高いと誰もが認める、トップ修行者が現れるかもしれない。

聖者は、こうしたトップ修行者である。

∴

そこで人びとは、聖者に質問する。「聖者さん、真理を覚ると、どんな気持ちですか。」すると聖者は答える。「素晴らしい。でも、言葉では表現できない。」

これも、インド流である。

真理が言葉で表現できるのなら、聖者に言葉で教えてもらえばよい。真理について書き記した本を読んで、学べばよい。けれども、真理が言葉で表現できないのなら、真理を覚るのに、言葉は役に立たない。

真理は、言葉にできない――*23*

この点は、インドの宗教が、一神教と大きく異なる点である。

∵

また、こうも言える。

真理を覚ったかどうかは、覚ればわかる――*24*

覚ればわかる。それなら、まだ覚っていないことも、本人にはわかる。そして、

誰かが真理を覚ったかどうかを、別の誰かが判定することはできない――*25*

つまり、誰が真理を覚った聖者であるのかを、確証する方法は存在しない。それでも聖者はいる。ジャイナ教のマハーヴィーラも、仏教のゴータマも、…。でもそれは、確証す

ることではなくて、信仰の問題だ。ゴータマは真理を覚った。それを受け入れるのが、仏教徒なのである。

真理と生命

さて、ウパニシャッド哲学にいう梵我一如と、人間の死の問題を考えてみよう。

梵我一如とは、梵（宇宙）と我（人間）とが、同じものだということだった。それが、真理のなかみである。

でも、そうなのか。

宇宙は、生命ではない。因果関係の連鎖のネットワークだ。人間は、生き物だ。人間という生き物が、宇宙（因果連関）にほかならないという主張が、梵我一如である。

これは実は、恐ろしいことを言っている。人間は、自分を生き物だと思っているが、ほんとうは、ただの因果連関にすぎない、というのだ。（言っていること、わかりますか。）人間が、自分は命があると思っているのは、ただの思い込みなのだ。

梵我一如によれば、人間は実は人間でなく、ただの因果連関である——26

どういうことか。

⁘

宇宙は、ざっくりみれば、原子や素粒子が集まり、電波や重力波が飛び交うモノの秩序である。殺伐とした空間だと言ってもよい。

人間の真実のすがたが、そんな恐ろしい状態であるなんて、正しいのだろうか。

正しい。いまわれわれが知っている知識にもとづいても。

科学者は言う、脳は神経細胞のネットワークである。神経の突起のうえを、電気刺戟《しげき》が飛び回っている。それが人間の精神の実態である、と。その基盤のうえに、感覚がはたらき、意識がうまれ、人間の精神活動が営まれている。たぶん正しい。

もしも聖者が、瞑想によって、自分の精神が成り立つ宇宙的基盤を掘り下げたとする。なにが映じてくるだろうか。神経細胞ひとつひとつの震えとおののき、電子の行き交うさま、原子や素粒子のダイナミズムが視えてこないだろうか。古代インドには自然科学がなかったから、原子や素粒子は視えてこないかもしれない。でも、古代インドの宇宙論にもとづいた宇宙の実相が視えてきただろう。人間の精神は、その基盤をみずから掘り下げて行くと、精神の外に出て、精神でないものになってしまう。それが、瞑想のなかみであり、瞑想の恐ろしさの根源である。

仏教では、瞑想によって現れる宇宙の実相を、「真如《しんによ》」という。真実とだいたい同じである。真如は、恐ろしくて、言葉にすることができない(23)。言葉は、精神の内側で意味をもつが、その外では有効でなくなるのである。

生死を超える

真理を覚ることが、このようなことだとすると、聖者は生死を超越する。なぜなら、人間(生き物)はもともと、人間(生き物)ではなかったとわかるからである。

真理を覚れば、人間(生き物)は、人間(生き物)でないとわかる ―― 27

人間はほんとうは、生き物ではないのだから、死ぬことはない。生まれてもいなかったのだから。人間の生死は、この世界の法則に従って起こる。その法則を体現すれば、生死を超越する。

生死を超越するのではあるが、なんと索漠たる風景だろうか。

⁘

人間はほんとうは、生き物ではない。のだとしても、生き物として生きており、自分を生き物だと思っている。そのため、生きるためにあくせくし、欲望にとらわれている。仏教の言い方では、煩悩である。ほんとうは生き物ではないのに、気の毒だ。仏教の言い方では、慈悲である。慈悲は、真理を覚ったもの（聖者や仏）が、真理を覚っていないものに対する態度である。

修行は価値がある

真理は、存在する。真理にアクセスすることは、できる。真理を覚ることには、価値がある。

そして、真理は言葉にできないのだった(23)。

そこで、修行者は、一人ひとりが自分で修行をがんばって、真理に到達するしかない。一人ひとりがめいめい、瞑想をして、真理に接近するしかない。バラモン教、ヒンドゥー教、仏教に共通するやり方である。

⁘

真理を覚えることには、価値がある。それなら、真理を覚えることをめざして修行することには、価値がある。

修行は、訓練である。瞑想のやり方に熟達して、真理を覚えることを目指す。ほんとうに真理を覚る修行者は、ごくひと握りにすぎないにしても。

逆に言えば、真理を覚ってはいないものの、真理に価値があると思い、修行を続ける、かなりの人数の修行者がいることになる。社会は、真理や修行に価値があると思って、これらの修行者を支える。

バラモンを頂点とするカースト

修行は、フルタイムの活動である。瞑想は、片手間ではできない。生活を支えるための活動（すなわち、労働）と、両立しない。

そこで、社会は、ふた種類の人びとに分かれる。一部の、修行に励む人びと。そして大部分の、生活のため労働する人びと。

⁘

インド社会は、この修行者たちのグループを、世襲の身分として固定した。バラモンである。

バラモンは、バラモン教以来の聖典をサンスクリット語で読み解き、神々を祀る祭祀を主宰し、修行に励む。社会の尊敬を受けている。

その下に、ふつうの職業に従事する人びと。インド社会は、これをさらにいくつかのカテゴリーに分けて、序列をつけた。クシャトリヤ（政治・軍事を担当）、ヴァイシャ（ビジネスを担当）、シュードラ（サーヴィスを担当）、である。

このカテゴリーは、ヴァルナ（種姓）とよばれる。そのさらに下には、ヴァルナにも入らないアウトカースト（ダリット）の人びとがまとめられている。

ヴァルナはもっと小さい職業集団（ジャーティ）に分かれている。ダリットの人びとも職業集団に分かれている。そして、やはり序列がついている。この序列の全体が、カースト制だ。

⁘

序列はなぜ、このように決まっているのか。上のほうは浄《きよ》らかで、下に行くほど穢《けが》れていて、といった理屈が立てられている。たぶんそんな理屈は、あとづけだ。バラモン以外の世俗の職業につく人びとのほうが、人数が多い。それらの人びとが団結しないように、分断され、バラモンを頂点に、序列づけられているのである。

輪廻

カースト制は分業のシステムである。分業は相互依存なので、紛争が起きにくい。動物を殺害することを禁じている（殺生戒）のも、紛争や暴力を避ける意味がある。

カースト制は、人びとに職業集団（ジャーティ＝共同体）を提供し、社会の安定に寄与する。しかし保守的で、不公平である。とりわけ、社会的威信の配分が不公平だ。カースト制の上位にあるバラモンやクシャトリヤはまだよい。もっと下のカーストや、どんじりのグループの人びとは、生きていく気力も失せてしまうだろう。社会的威信の配分が不公平だと、人びとは苦しみ、社会は病んでしまう。

⁘

そんなカースト制を、裏で支えるのが輪廻《りんね》である。

輪廻は、人間は死んだあとまたこの世界に生まれる、という信念だ。よい行ないをすれば、上のカーストに生まれ変わる。バラモンに生まれるかもしれない。わるい行ないをすれば、その報いとして、下のカーストに生まれ変わる。わる過ぎれば、人間ではなく、動物や虫けらに生まれてしまうかもしれない。

バラモン以下のさまざまなカテゴリーの人びとは、バラモンになって真理にアクセスする資格をうるための、待ち行列に並んでいるようなものだ。よい行ないとは、バラモンの修行者に布施をしたり、カースト制の定める労働を通じて上のカーストの人びとにサーヴィスをすること。バラモンを招いてめいめいの神を祀《まつ》る祭祀《さいし》を行なってもらう、などでもよい。

⁘

すべての生き物が、死んではまた生まれる生命循環のなかにあるとしているので、輪廻はなかなか科学的な考え方ではある。

どのように輪廻するのか、人間の自由にはならない。輪廻の法則に従う。輪廻の法則の前では、どのカーストに属するひとも、平等である。

もっとも人びとが、輪廻しているという証拠はどこにもない。人びとは、前世の記憶をもっていない。違った生き物にまた生まれるというが、その際なにが輪廻しているのかも曖昧だ。輪廻は空想（フィクション）で、人びとを現状に縛りつけるためのイデオロギーではないか、と見えなくもない。

⁘

それでも、インドの人びとは輪廻を信じる。証拠がなくても信じるのは、誰もがそう信じているからである。みなが信じると、信じられたものは疑えなくなる。インドでは輪廻も、世界を支配する法則（真理）の一部なのである。

輪廻するなら、
人間は死ぬとまもなく、別な人間や動物に生まれ変わる――28

輪廻によって別な人間や動物に生まれ変わる、その生まれ変わり方は、正しい因果法則にもとづいている。すなわち、

輪廻するなら、低いカーストに生まれたことは、前世の報いである――29

輪廻するなら、高いカーストに生まれたことも、前世の報いである――30

来世でより高いカーストに生まれ変わりたければ、現世で、よい行ないを積み、その原因をつくるしかない。人びとはそのように、輪廻の観念に縛られている。

輪廻する／しない

以上のようだとすると、ヒンドゥー教には、人間が死んだらどうなるかについて、ふたつの違った考えが混じっていることがわかる。

ひとつは、ほんとうは、人間はそもそも生き物でなく、人間など存在しないこと。存在しない人間が、輪廻するはずもない。27にあるとおりである。

もうひとつは、死んだら別の人間か生き物に生まれ変わるという、輪廻の考え方。インドの人びとの日常は、輪廻を前提にしている。真理を覚ることはさて置き、よりよく生まれ変わることを、とりあえず優先する。輪廻は、宇宙の法則（真理）の一部だから、真理に即して行動していることになる。

⁘

このように、インドの人びとの死に対する態度が両義的なので、人間が輪廻するのかしないのか、見解が分かれることがある。たとえば、聖人の場合。

聖人は、真理を覚ったひとである。聖人は、真理を体現し、人間としての制約から自由になった。その聖人が命を終えたら、輪廻するのだろうか。

⁘

輪廻する、という考えもある。バラモンは、天人《てんにん》に生まれ変わる可能性があるという。天人は、人間ではない生き物で、人間よりランクが上。バラモンはトップランクだから、よい行ないをして生まれ変わるには、人間以上の存在になるしかない。輪廻の論理を徹底させると、このように考えるしかない。

輪廻しない、という考えもある。聖者は、人間存在としての制約を離れ、生死を超越したのだから、もはや何にも生まれ変わらないだろう。輪廻からの「解脱《げだつ》」である。

ゴータマ・ブッダは、真理を覚った。ブッダは死んだらどうなるのか。輪廻を解脱しているのだから、あとかたもなく消えてしまう。灰身滅智《けしんめっち》という考え方である。

真理を覚って仏になったのなら、その瞬間に消えてしまってもよかったのではないか。よかった。けれどもサーヴィスとして、人間としての姿かたちで、修行者たちと暮らし、教えを説き続けた。仏はもはや輪廻しない。聖者もおそらく輪廻しない。人間は輪廻しないこともできるのだ。

⁘

ヒンドゥー教はこのように、輪廻する／しない、の二面をもっている。

もとはと言えば、この世界に真理があり、それを覚ることができる、が基本のアイデアであった。では誰が、どうやって真理にアクセスできるのか。それをめぐって、人間のあいだに序列が生まれた。その序列は、この世界に生きているあいだは変化しないが、死ぬと生まれ変わってリセットされる。この輪廻のアイデアが、基本のアイデアに継ぎ足された。そこに、さまざまな神々が散りばめられた。これが、ヒンドゥー教である。

とすると、ヒンドゥー教は、さまざまな逸脱を生んできたことがわかる。仏教もそうした逸脱のひとつである。ジャイナ教も、シク教も、そうである。

そこでつぎに、そうしたなかから仏教の、死をめぐる考え方をみていくとしよう。

3・2 インドの仏教

ゴータマは反逆児

ゴータマは二五〇〇年ほど前の実在の人物だ。

当時、インドにはもうカースト制があった。ゴータマのカーストは何だったか。

ゴータマはシャカ族の王子として、王宮に生まれている。王子なら、父親は王である。王ならば、政治・軍事を担当する。ならばカーストはクシャトリヤだ。

クシャトリヤは、宗教活動を禁じられている。宗教活動は、バラモンが独占することになっているからだ。

⁘

ゴータマは、宗教活動をやりたかった。真理を体得したかった。

ヒンドゥー教は、ゴータマに教える。クシャトリヤとして一生を送り、来世でバラモンに生まれてから修行しなさい。来世を待つとは、現世をあきらめることだ。ヒンドゥー教では、みんな現世で理想を追求するのをあきらめて生きるのだ。

でもゴータマは、あきらめるのは嫌だった。どうしてもいま、修行をしたい。そこで家を出た。妻も子どももも捨て、地位も財産も捨て、ただの修行者（ホームレスの青年）になった。

そして、何人かの師について修行したあと、自己流で断食と瞑想に励み、ついに真理を覚った。そして、サンガ（修行者の集団）を組織し、八〇歳で亡くなるまで弟子たちを教え続けた。

⁘

ゴータマはクシャトリヤなのに、こんな活動をしてよいのか。バラモンをはじめ、ヒンドゥー教保守派の人びとは、反撥《はんぱつ》したに違いない。ゴータマが真理を覚ったなどとは認めないぞ。

けれども、支持する人びともいた。カーストに関係なく修行して、覚ってもいいじゃないか。なにも来世まで、待つ必要はない。カースト制のもとで、チャンスを諦めていた人びとが、ゴータマのもとに駆けつけたろう。

⁘

ゴータマは、ヒンドゥー教にとらわれない反逆の確信犯である。もしも輪廻を信じていたなら、おとなしく王となって、来世に希望をつないだだろう。現世で修行をしてやる、と思い切ったゴータマは、輪廻を信じていたはずがない。

仏は人なのか

ゴータマは三五歳で真理を覚った。覚ったけれども、見たところはふつうの人間のままだった。そして、老人になって死んだ。仏（覚った人）となると、生死を超越するのではないのか。

仏教では、人間を、二種類に分ける。覚っていない人（凡夫）／覚った人（仏）。覚っていない凡夫《ぼんぷ》も、覚った仏も、人間としての寿命が尽きれば死んで終わり。存在しなくなる。輪廻などしない。ほぼ、唯物論なのである。

⁘

仏は人なのか。人である。

まず、人間でなければ、真理を覚ることができない。動物は知力が足りないから、真理を覚れない。神々や天人は、恵まれていて、苦悩がない。苦悩がなければ、真理を覚ろうとは思わない。

そして、真理を覚ったあと、人間でなくなるわけではない。ゴータマをみればわかる。ゴータマは、ふつうの人間として一生を送った。

後世、ゴータマが特別でないと気のすまない弟子たちが、ゴータマに尾ひれをつけ、超人的な存在にまつりあげた。それはゴータマの、あずかり知らないことである。

ジャータカ

ゴータマをめぐる尾ひれのひとつが、ジャータカ（前生譚）である。

ゴータマは、並みの人びとより、はるかに高いレヴェルの覚りをえた、という話になった。どうやって？　それは、ゴータマが過去世《かこぜ》で輪廻を繰り返しているあいだに、修行を積んだからだ。イノシシだったときは、大工を手伝った。ウサギだったときは、飢えたトラに喰われてやった。そうやって修行を積み、最後に人間に生まれて、仕上げをした。こんないかにもインド人向けの物語が、ジャータカだ。

⁘

仏教はやがて、「ゴータマは、輪廻しつつ修行を積んだ」という説明を取り入れた。これを、歴劫成仏《りやっこうじょうぶつ》という。

成仏まで、そんな長い時間がかかるなら、ほかの修行者がゴータマの真似をしても、追いつけるはずがない。ゴータマとそれ以外の人びとは、もともと平等だった。でも、ゴータマは特別で、別格です、という話になった。最初の仏教とは、ずいぶん違う。インドで広まった小乗仏教や大乗仏教も、中国や日本に伝わった仏教も、こういう考え方でできているので、注意しよう。

過去仏

さてここまで、バラモン教・ヒンドゥー教など、インドの宗教をみてきた。ここからは仏教にとりわけ注目して、人間の生き死にの問題を考えてみたい。

❖

仏教で仏（ブッダ）といえばまずゴータマ、釈尊《しやくそん》のことである。釈尊は、釈迦牟尼世尊《しやかむにせそん》（シャカ族の聖者、尊者）を省略した言い方だ。ごく初期には、誰でも仏陀（ブッダ）になれるはずだった。それが次第に、ゴータマだけのことになった。

そのあと今度は、釈尊以外に、さまざまな仏（ブッダ）が探されるようになった。

❖

最初に考えられたのは、過去仏である。はるか昔に、この世に現れた仏がいた。過去七仏といって、七人の仏（ブッダ）だ。過去仏として有名なのが、燃燈仏《ねんとうぶつ》である。釈尊が遠い過去世で、燃燈仏と会い、あなたは将来仏になるであろうと告げられた。これを、授記《じゆき》という。仏（ブッダ）は一切知で、将来のことがわかるので、予言したのだ。燃燈仏とは、釈尊の修行の道をずっと照らすという意味があるという。

過去仏は、みな過去の仏。現時点では仏は、釈尊だけ、という考え方である。

現代他仏

過去仏はもういないので、現在の人びとが教えを受けたり拝んだりできない。そこでつぎに考えられたのは、現在、存在する仏（ブッダ）である。

⁘

仏（ブッダ）には教化範囲があって、その範囲内にほかに仏（ブッダ）はいられない、と考えることになっている。この原則を、一世界一仏という。釈尊の覚りを比類ないものと考える小乗仏教は、この原則をたてた。大乗仏教も、これを受け継いだ。

この原則を認めつつ、現在、仏（ブッダ）が釈迦仏のほかにもいる、と言うには、世界がいくつも並行して存在する、と考えればよい。その並行世界が、西方の極楽浄土だ。阿弥陀仏がいる。東方の浄瑠璃世界には、薬師仏がいる、などなど。これを、十方《じっぽう》世界一仏多仏論という。大乗仏教の考え方である。

⁘

仏教とはもともと、釈尊を仏（ブッダ）と崇《あが》めるものだった。

その釈尊（ブッダ）が、死んでしまった。あちこちに神がおおぜいいるヒンドゥー教との対抗上、あちこちに仏がおおぜいいることにした。あちこちに仏(ブッダ)がいれば、崇拝の対象が分散する。大乗仏教は、ヒンドゥー教に似てくるのである。

久遠実成仏

仏になった人間は、死ぬのか。

人間は仏になっても、死ぬ。ゴータマ(釈尊)がそうである。

ただし仏は、すぐ死ぬとは限らない。うんと長く生き続ける仏がいる。たとえば、阿弥陀仏がそうである。

⁘

阿弥陀仏など現代他仏の人気が高まると、対抗して、釈尊(釈迦仏)の格上げがはかられた。それが、久遠実成仏《くおんじつじょうぶつ》(永遠に生きるブッダ)である。

このことが書かれているのは、法華経である。

法華経はいう。釈尊ゴータマは、人間として生まれ、人間として死んだ。しかしそれは衆生《しゅじょう》に教えを説くための仮のすがたで、釈尊はほんとうは、永遠の昔に覚って仏となった久遠実成仏である。釈尊は、死んで存在しなくなったわけではなく、実はいまもインドの霊鷲山《りょうじゅせん》のうえにいる。

釈尊は死んだが、死んでいない。永遠のブッダ→人間として受肉した釈尊→永遠のブッダ、として常在する。あたかも、永遠のGod→神の子イエス・キリスト→永遠のGodのようである。

永遠のブッダが、具体的な人間であるゴータマ（釈尊）として現れることを、垂迹《すいじゃく》という。イエスの降誕と似ている。イエスは死んで、復活した。ゴータマは死んで、存在しなくなり、永遠のブッダに復帰した、と考えることもできる。

法華経は、ほかの多くの仏に埋もれてしまった釈迦仏を、再び信仰の中心としよう、仏教の原点にかえろう、と訴える経典だ。

毘盧遮那仏

華厳経は、さまざまな仏（ブッダ）を総合するものとして、宇宙大の身体をもつ毘盧遮那《びるしゃな》仏《ぶつ》を考える。

仏（ブッダ）は真理を覚っている。ミクロコスモスとマクロコスモスとが一致するという、宇宙方程式を満たしている。宇宙は、因果連鎖のネットワークによって満たされている。これが、法である。仏（ブッダ）は、その法と一致する。それが法身《ほっしん》である。

毘盧遮那仏は、宇宙そのものがその身体である、法身。ゆえに巨大なのだ。

華厳経によると、さまざまなブッダはみな、この法身の仏（ブッダ）が個別に具体的なかたちをとって現れたもの。その実体は、毘盧遮那仏であるという（一即多）。大乗仏教の多様な仏（ブッダ）は、このようなかたちで統一される。そして、この「一即多《いっしょくた》」のロジックは、ヒンドゥー教のおなじみのロジックでもある。

曼荼羅

仏教は、時代をへて発展するにつれ、このようにさまざまな仏（ブッダ）をうみ出し、さまざまな経典をうみ出した。それぞれの仏がそれぞれの教えにもとづいてばらばらに信じられ、崇められた。

そのさまざまな仏（ブッダ）がみな、釈尊を原点にしている。さまざまな仏（ブッダ）や大菩薩（仏まであと一歩となった菩薩）がそれぞれの場所で、救済活動を続けている。その配置として、この宇宙が成立している。

そのことを図像に表したのが、曼荼羅《まんだら》である。曼荼羅はこの宇宙の真理を、目にみえるかたちにしたものである。

⁘

さまざまな仏（ブッダ）のひとつを選び、精神集中し、仏（ブッダ）と合一することを目指すのが、念仏である。念仏はもともと、仏（ブッダ）の具体的なありさまをありありと視覚的にイメージするものだった。法然はそれを、仏の名前を称えること（称名念仏）に置き換えた。

神と仏

ところでインドの神々は、仏教の経典に出てくるのか。

実は、さまざまな場面で登場する。有名なのは、釈尊（ゴータマ）が覚りを開いたあとすぐ、梵天（ブラフマン）が現れて、釈尊にその教えを説いてくれるよう頼むことである（梵天勧請）。そのほかインドの神々は、××天という名前で、あちこちに登場する。中国人はインドの神々を、「神」ではなく、もっとランクの高い「天」と訳したのだ。

インドの神々の役目は、ブッダのサポーターである。四天王、十二神将そのほかは、仏（ブッダ）のガードマン（守護神）。守護神の役目を依頼される神々よりも、依頼する仏（ブッダ）のほうが、地位が高い。インドの神々は、仏≫神、という優劣関係をインドの人びとに印象づけるために、登場している。

仏教で神々は、崇拝の対象にならない。神々を拝んでしまえば、もう仏教ではない。

初期仏教の死

さて、ここまでのことを踏まえ、仏教と死を考えよう。

仏教の考えは、順を追って発展している。

∴

ゴータマのまわりに弟子たちが集まった、初期の仏教は、つぎのようだった。

a　ゴータマは、真理を覚った。ゴータマは仏（ブッダ）となった
b　ゴータマは、輪廻などないと思っている
c　弟子たちは、輪廻を待たず、現世で真理を覚るため修行している
d　ゴータマは死んで、存在しなくなった
e　弟子たちは、覚っても覚らなくても、死んで存在しなくなる　——*31*

ヒンドゥー教の輪廻の考え方を否定するのが、初期仏教である。

輪廻を否定すると、ほぼ唯物論になる。

仏教は、霊魂などないと考える。霊魂とは、身体がなくても存在できるその人間の精神活動や同一性のこと。身体が滅び霊魂もないのなら、人間は、死んだあと、完全に存在し

なくなる。

小乗仏教の死

ゴータマが亡くなってしばらく経ち、弟子たちがいくつものグループに分かれる部派仏教の時代になった。いわゆる小乗仏教である。

ゴータマは、並みの人びとと比べものにならない高いランクの覚りをえたとされ、それは、輪廻を繰り返して修行を続けた結果であるとされた。弟子たちは、まだそのランクに達していないので、まだこの先も輪廻を繰り返して修行を続けることになる。

これをまとめると、つぎのようである。

a ゴータマは、真理を覚った。ゴータマは仏（ブッダ）となった

b ゴータマは、遠い過去から輪廻しつつ修行してきた

c 弟子たちは、現世で修行しても、覚って仏になることはない

d ゴータマは死んで、輪廻を解脱し、存在しなくなった

e 弟子たちは、死んでも輪廻を繰り返して修行を続ける ――32

要するに、仏を除く、すべての人間は死んだら輪廻すると考える。この考え方は、その後、中国や日本に伝わった。

大乗仏教と空

大乗仏教は「菩薩（bodhisattva）」を、仏弟子のあるべき姿だとする。菩薩は、在家の修行者のことである。小乗の出家修行者に対して、大乗仏教は、自分たちを菩薩だと称した。菩薩が主役になるのが、大乗経典だ。

大乗仏教は、小乗の出家修行者は阿羅漢《あらかん》どまりで、仏（ブッダ）にはなれない。それに対して、大乗の菩薩は、仏（ブッダ）になることができるとする。

⁘

大乗仏教の中心的なアイデアは、空《くう》である。

空は、理解するのが簡単ではない。

般若心経は、空の思想を短く要約したもの。「色即是空《しきそくぜくう》、空即是色《くうそくぜしき》」のフレーズが有名だ。この世界のあらゆる現象（色）には実体がない（空）、といっている。

この箇所のあとには、「受《じゅ》・想《そう》・行《ぎょう》・識《しき》・亦復如是《やくぶにょぜ》」（人間の精神活動にしても同じこと）、「無無《むむ》明《みょう》・亦無無明尽《やくむむみょうじん》、乃至《ないし》、無老死《むろうし》、亦無老死尽《やくむろうしじん》」（無明はなく、無明を尽くすこともない、老死もなく、老死を尽くすこともない)、「無《む》苦《く》・集《しゅう》・滅《めつ》・道《どう》」(苦集滅道の四諦もない、すなわち、小乗仏教の説くような覚りはない)、といっている。これがわかることが、般若波羅蜜《はんにゃはらみつ》(究極の智恵)だ、と。

煙に巻かれているようだが、こういうことではないか。小乗仏教の修行者らは、覚りに至る順序として、受想行識、苦集滅道など、人間の精神のメカニズムから煩悩を除去する方法論を編み出した。だがそれは、そもそも成立しない。無明も取り除けないし、覚りにも至らない。それがわかるのが「深い智恵」で、大乗仏教の入り口なのだ、と。

大乗仏教と死

空のわかりやすいテキストは、ナーガールジュナ(龍樹)の『中論』である。中村元博士の解説によると、空は、二重語法という独特の語り方と結びついている。

これを、たとえば、小乗仏教の覚りについてあてはめてみる。

1. 覚りは、あるのでない　(小乗の覚りは、覚りでない)
2. 覚りは、ないのでもない　(ゴータマは、確かに覚った)
3. 覚りは、ありかつない、のでもない　(小乗と大乗が両方正しいのでもない)
4. 覚りは、あるのでなくかつないのでもない、のでもない頭がくらくらする。大乗仏教は、小乗仏教に反対だが、小乗仏教の発展型なので、小乗仏教を否定し去ることはできない。その両義的な態度が、二重語法に表れる。

∴

大乗仏教の考え方をまとめると、つぎのようである。

a ゴータマは、真理を覚って、仏（ブッダ）になった
b ゴータマは、遠い過去から輪廻しつつ、修行してきた
c 小乗の出家の修行者たちは、仏になれない
d ゴータマは死んで、輪廻せず、存在しなくなった
e ゴータマ以外にも仏は、過去・現在・未来におおぜい存在する
f 菩薩たちは、死んでも輪廻を繰り返して修行を続け、やがて仏となる —— *33*

∴

では、大乗仏教は死を、どのように考えるか。

輪廻をまたいだ修行が可能なことが、大乗仏教の前提である。
そこで大乗仏教は、人間のあり方を、いくつかの段階に分ける。

A　ブッダを知らず、覚ろうという意欲もなく、輪廻を繰り返す
B　覚ろうと決意し（初発意《しょほっち》）、修行しつつ輪廻を繰り返す
C　ついに覚って仏となり、仏国土を与えられ、衆生の救済に尽くす

輪廻は、死んだらまた、この世界に生まれる。死者の世界もなく、死者の霊魂もない。合理的で現実主義的な態度だ。この世界しか、存在しないとするのだから。
要するに、*A*〜*C*は、いずれ人間は死ぬ、である。仏であろうと、なかろうと。

浄土教の死

以上が、大乗仏教の考え方だが、変種もうまれた。その代表が浄土教の、極楽往生の考え方だ。また違った死のとらえ方である。

この世界を離れたあちこち（浄土）に、仏がいる。阿弥陀仏もそのひとりで、西方の極楽

浄土に仏国土を開いている。修行者（法蔵菩薩）だった時代に願をかけ、仏となったあかつきには、この世界の衆生を招いて仏にする、と誓った。その願がかなって仏国土を開いたのだから、誰もがその浄土に往生するチャンスがあるだろう。そのことが書いてあるのが、阿弥陀経など浄土三部経である。

⁘

往生とは、輪廻の例外である。本来ならこの世界に生まれるところ、ワープして、極楽浄土に生まれる。ワープには、それなりの原因が必要である。それは、阿弥陀仏が引っ張る力。そして、衆生が浄土に行く力。他力と自力である。

そこで、つぎのようにまとめられる。

---

a ゴータマは、極楽浄土に阿弥陀仏がいると教えてくれた

b 人びとは死ぬと、輪廻する代わりに、極楽に往生できる

c 極楽に往生すると、仏になる一歩手前まで修行のランクが進む

d 極楽で死ぬと、つぎに極楽で生まれたあと真理を覚れる

e 真理を覚ると仏（ブッダ）になって、仏国土を与えられる ―― *34*

⁘

極楽往生は、仏（ブッダ）になりたい人びとのための、近道（ショートカット）だ。

近道が魅力的なのは、大乗仏教の基本がまだ信じられているからである。大乗仏教の基本は、歴劫成仏を説く。気の遠くなるほど時間がかかる。だから近道が、意味をもつ。

⁘

浄土教を信仰する人びとにとって、死とは何か。

極楽往生を願う人びとは、極楽浄土に往生することを最優先する。往生のタイミングはばらばらだが、行き先はひとつである。この世で輪廻する場合は、生まれ変わるカーストや職業がばらばらで、連帯できない。極楽往生を願うなら、この世界で人びとの連帯をつくりだすことができる。

死ねばどうなるか、人びとの足並みをそろえる。それをやりやすいのが浄土教だ。

極楽浄土は、一神教のような効果をもつ。とても明快な死の考え方だ。仏教としてはめずらしい。

密教の「秘密」

密教は、大乗仏教の発展形。インドから、中国や日本にも伝わった。

密教の基本経典は、大日経《だいにちきょう》、金剛頂経《こんごうちょうぎょう》、理趣経《りしゅきょう》である。仏教の「発展形」を通り越し、ほとんどヒンドゥー教である。

⁘

密教は、秘密のやり方で、歴劫成仏の修行の道すじの裏をかい潜ろうとする。大乗仏教の修行のやり方は、覚るまでとんでもなく長い時間がかかる。釈尊の次に覚るのは弥勒菩薩で、五六億七千万年の後だという。ふつうの修行者が覚るのは無理ではないか。

密教は、曼荼羅を見つめて瞑想したり、護摩を焚いたりして、限界まで修行する。そのとき一瞬、覚りの片鱗を体感する。映画の予告編のようである。すると勇気百倍、また修行に励むことができる。

これをヒントに、修行と覚りの関係を逆転させる。

ふつうの仏教は、修行をするから、真理が覚れる。修行が原因で、覚りは結果だ。

修行（原因）　⇩　**覚り**（結果）

これを逆転させ、こう考える。なぜ、気の遠くなるような長い時間、修行を続けられるのか。それは、修行者が「仏」だからだ。仏だから修行ができる。自分で仏だと気づいていないだけである。

覚り（＝仏である）（原因）　⇩　**修行**（結果）

この考えによれば、修行者はもう仏である。だから実は、修行しなくてもよい。それならなぜ、修行するのか。それは、自分がもう仏（ブッダ）であることを確信するためだ。こんなに修行ができているのは、自分が仏（ブッダ）であることの証拠だと。

自分が仏（ブッダ）であること。これが密教の「秘密」である。

こうなるともう、仏になる修行をしないのだから、仏教とは言いにくい。

密教の死

このような密教にとって、死はどのようなものになるか。

a　大乗仏教の修行者たちは、修行を続け、覚りをめざしている

b　そうした修行を続けられるのは、修行者たちがもう仏だからだ

c　もう仏であるから、生死を超越している ——*35*

修行者はもう、仏である。それなら、死はどのようなものか。

仏は、生死を超越している。仏は、死んで（入滅して）しまってもいいし、好きなだけ長生きしてもいい。どちらでも同じことである。そして、望めば、仏国土を与えられるのであろう。つまり、死は恐れるに足りない。

密教を信じる者にとって、死は恐れるに足りない。なぜなら、自分はもう仏だから。輪廻もしない。往生もしない。ただ人間として、生きられるだけ生きていけばよい。

ヨーガと坐禅

禅宗は、中国で生まれた大乗仏教のグループである。

坐禅は、ヨーガにもとづく。ヨーガは、インドの修行法で、仏教だけでなく、ヒンドゥー教やほかの宗教も行なっていた。

⁘

中国には、さまざまな経典が伝わっていた。どの経典にもとづくかによって、さまざまな宗派ができていた。

これに対して禅宗は、経典ではなく、坐禅が基本だとする。坐禅は、ゴータマの修行法で、それがインドの僧、菩提達磨《ぼだいだるま》によって、中国に伝わった。坐禅こそ、覚って仏となるための必要十分条件である。

⁘

やがて禅宗は、つぎのように議論を純化する。

坐禅は、真理を覚り仏（ブッダ）となるための修行ではない。坐禅をしているとき、修行者は仏なのである。それならば坐禅が、経典より重要なのは当然だ。

禅宗と死

禅宗は、歴劫成仏の考え方をとらない。仏になろうと坐禅するのではない。正しく坐禅すれば、それが仏なのだ。よって禅宗は、輪廻を前提とせず、輪廻を否定できる。

以上をまとめてみよう。

a　ゴータマは坐禅し、仏（ブッダ）となった

b　ゴータマから伝わる正しい坐禅をすれば、誰でも仏である

c　坐禅すれば仏だから、輪廻して修行を続ける必要はない

d　死ねば、仏であってもそうでなくても、消えて存在しなくなる――*36*

禅宗は、リアルに世界をみる。態度はシンプルで、ゴータマに忠実だとも言える。

仏教の死は多様

このように、死についての仏教の考え方は、じつに多様である。「仏教では、死をこう考えます」と、簡単にまとめることはできない。

⁘

仏教の考え方がこれほど多様なのは、もともとのゴータマ（釈尊）の教えが、弟子たちの手で書き変えられ、拡散して行ったからである。その全体が、ゴータマひとりの教えであることになっている。

仏教の本質は、ゴータマが真理を覚ったこと。枝葉は、輪廻である。輪廻は、ヒンドゥー教に妥協して、仏教に入り込んだもの。ならば、仏教の死を考える場合、輪廻と切り離したほうがよい。

⁘

仏教の核心は、真理を覚るところにある。

ゴータマは真理を覚った。人間なら誰でも、真理を覚ることができる。仏教は、平等なのである。

ではその、真理とはなにか。この世界の、ありのままのこと。世界のありのままを、自分の欲望や主観や、よけいな感情を抜きにして、みつめる。必要なら瞑想して、ありありとみつめる。自分が人間として存在するとはどういうことかを、理解する。ほかの人びとも存在するこの社会を理解する。世界を理解する。人間の生と死を、ありのままにみつめる。そしてわかるのは、こうしたことだ。

お釈迦さまは、この地球も、自然も、人間も、動物も、この宇宙のすべてが、すばらしく、精巧に美しく、みごとにつくられていると考えました。その神秘（宇宙の不思議）に感動していました。あまりにすばらしく精巧にできているからこそ、ちょっとしたことで壊れてしまうのです。だからすべての生命は、死んでしまうのですし、すべてのものは、いつか壊れてしまうのです。でもだから、哀しい、けれども美しい。宇宙がこのようにできている、この神秘に感動することが、仏教にいうダールマ（法）なのです。

あなたも、わたしも、人間はみな、ほんのたまさか、宇宙の不思議によって、炭素や水素や遺伝子やタンパク質の組み合わせによって、この世に生まれた。奇蹟のようなできごとです。やがて、あなたもわたしも、死を迎えて、この世界からいなくなってしまうけれども、でもそれは宇宙が、このようにできているのだから、仕方がない。この世界に生まれ、この宇宙の不思議の一端に触れたことを感謝しつつ、宇宙の不思議に身をまかせ、この世界にお別れしようではないか。

人間は死んだらどうなるか。それはわからない。たぶん、ただ存在しなくなってしまうだけで、何にもならないだろう。もとのアミノ酸や炭素にもどって、宇宙ととけあってしまうだろう。それでいいのだ。

こんなふうに考えていたのではないでしょうか。


これは、一〇年あまり前、仏教の生き死にについて私が書いた文章だ（橋爪大三郎『家庭でできる法事法要』二〇〇八年、径書房、二五頁）。これ以上うまく書けるとも思えないので、引用した。

読者の皆さんがもし、「自分はいちおう仏教徒のはずだが、特に熱心なわけではない。強いて言うなら、仏教系無宗派かなあ。」みたいに思うのなら、ざっくりこんなふうに考えてみるのもよいと思うのだが、どうだろう。

郵 便 は が き

料金受取人払郵便

渋谷局承認

6974

差出有効期間
2024年12月
31日まで
※切手を貼らずに
お出しください

150-8790

130

〈受取人〉
東京都渋谷区
神宮前 6-12-17
株式会社ダイヤモンド社
「愛読者クラブ」行

本書をご購入くださり、誠にありがとうございます。
今後の企画の参考とさせていただきますので、表裏面の項目について選択・ご記入いただければ幸いです。

ご感想等はウェブでも受付中です（抽選で書籍プレゼントあり）▶

年齢	（　　　）歳	性別	男性 ／ 女性 ／ その他
お住まいの地域	（　　　）都道府県 （　　　）市区町村		
職業	会社員　経営者　公務員　教員・研究者　学生　主婦 自営業　無職　その他（　　　）		
業種	製造　インフラ関連　金融・保険　不動産・ゼネコン　商社・卸売 小売・外食・サービス　運輸　情報通信　マスコミ　教育 医療・福祉　公務　その他（　　　）		

DIAMOND 愛読者クラブ メルマガ無料登録はこちら▶

書籍をもっと楽しむための情報をいち早くお届けします。ぜひご登録ください！

- 「読みたい本」と出合える厳選記事のご紹介
- 「学びを体験するイベント」のご案内・割引情報
- 会員限定「特典・プレゼント」のお知らせ

①本書をお買い上げいただいた理由は?
(新聞や雑誌で知って・タイトルにひかれて・著者や内容に興味がある　など)

②本書についての感想、ご意見などをお聞かせください
(よかったところ、悪かったところ・タイトル・著者・カバーデザイン・価格　など)

③本書のなかで一番よかったところ、心に残ったひと言など

④最近読んで、よかった本・雑誌・記事・HPなどを教えてください

⑤「こんな本があったら絶対に買う」というものがありましたら (解決したい悩みや、解消したい問題など)

⑥あなたのご意見・ご感想を、広告などの書籍のPRに使用してもよろしいですか?

1　可　　　2　不可

※ご協力ありがとうございました。

【死の講義】111192●3350

4章・中国文明は、死をこう考える

中国の宗教はまず、儒教。そして、道教と仏教。この三つが重要だ。

この三つは、死についての考え方がそれぞれ違う。だが、関連してもいる。中国の人びとは、この三つを組み合わせて、死んだらどうなるかの問題を考えてきた。

仏教は、インドのところでみた。ここでは主に、儒教と道教について考えよう。

儒教は宗教か

まず疑問なのは、儒教は果たして宗教なのか。

儒教は神を信じない。宗教らしくない。むしろ、政治学にみえる。儒教のどこが宗教なのか。

⁘

儒教は、政治を重視する。経済も文化も宗教も、政治に比べれば二の次、三の次だ。儒教の古典は、どうすればよい政治ができるかのマニュアルだ。

にもかかわらず。儒教は、宗教だとみてよい。理由はこうである。

ひとつは、皇帝が、天を祀る。皇帝は、儒教の正統な統治者だ。皇帝はその地位を天に与えられた。その天命に応えるために、機会あるごとに天を祀る。天を祀る資格があるのは皇帝だけ。正統な統治者であることのデモンストレーションである。目にみえない天を祀るのは、宗教であろう。

もうひとつは、中国の人びとがみな、祖先を祀る。祖先崇拝は、子孫の義務である。親（とくに父親）を尊敬し、親の親、親の親の親、…を祀る。こうして、父系血縁集団ができあがる。この血縁のネットワークが、権力や富に頼れない一般の人びとにとって、身を守る安全保障になるのである。

⁘

このふたつを除けば、儒教に宗教らしいところはない。

儒教は、宗教に関心がない。孔子は「怪力乱神を語らず」とのべた。いや、関心がないのではない。宗教に対してはっきり警戒感がある。敵意がある。中国の歴代王朝はほぼ例外なく、宗教叛乱《はんらん》によって倒された。宗教を警戒し、抑圧し、排除する。宗教をライバル視する儒教は、やはり宗教だと言ってよいのではないか。これが、みっつめの理由だ。

なぜ政治なのか

儒教は、もともと儒学といった。以下、儒学という。

⁘

儒学はなぜ、政治を重視するのか。それは、中国の地政学と関係がある。

中国は広大な農業地帯。世界でもっとも豊かな場所だ。ただしまっ平らで、防御がしにくい。北方には騎馬民族がいて、侵入してくる。

そこで、強力な政権が必要だった。

中国の農民のコンセンサスは、つぎの通りである。

∴

1 統一政権ができて、騎馬民族を撃退してほしい
2 それには強力な正規軍を組織し、必要なら万里の長城も築いてほしい
3 そのためのコスト（税金、労役、軍務）を、負担してもよい

中国には繰り返し、統一政権ができる。それは、農民の総意に支えられている。政権が農民の利益になっている限り、農民は少しぐらい政府が横暴でも我慢する。しかし、政府が自分たちのことだけを考え農民を無視するなら、容赦なくその政府をほおり出し、新しい政権を樹てる。中国の歴史は、その繰り返しである。

政治が重要なのは、農民の生活が重要だから。農民の安全と平和と繁栄を実現するのが政治の役割だから、である。

∴

政治とは、人間が人間を支配すること。なぜ支配するかと言えば、秩序をつくり出すため。人びとがばらばらではできない仕事をするためだ。

人間を支配するには、人間が生きている必要がある。人間が死んだらどうなるかは、政治には関係ない。中国の人びとが現実的で、死についてあまり興味がないようにみえるのはこのためである。

農民のための政治

中国の農業は、零細な家族経営である。

孔子の時代、鉄器が普及して、生産力が高まり、農民の地位が向上した。農民は軍人となり、行政職員として政府に加わる者も出てきた。孔子自身が政治を志し、挫折して、後身を育てる学校をつくった。農民の社会進出を背景にしている。

孔子は、若者を教育し、行政職員にふさわしい能力を身につけさせた。文書の読み書きを教え、そのほか行政職員としての行動規範を教えた。そのため古書籍を蒐集《しゅうしゅう》し、編纂《へんさん》してテキスト（経典）にした。テキストは伝統的だが、それを学ぶのは新興の農民階層であった。

⁘

教育を受けた農民の代表が統治を行なう。これが、儒学の本質である。軍事力や伝統による統治ではなく、教育による統治。能力があるものが統治するという考え方は、とても近代的だ。政府の正統性も主張しやすい。儒学が中国で成功したのはそのためだ。能力のある人びとを、農民階層の間からリクルートして、統治階層に加える。このシステムが、科挙である。千年前にはすっかり定着した。

祖先崇拝

儒学が重視する行動規範は、「忠」と「孝」である。

忠は、生きている統治者に服従することである。政治に、死者のための場所はない。

忠は、政治的リーダーに対する服従である ——37

それに対して孝は、中国の人びとが親に服従し、祖先を崇拝することをいう。

孝は、血縁集団の年長者、とくに親に対する服従である ——38

農家の家族経営は、孝によって安定する。農民は、高齢になっても子どもがいるから安心だ。死後は名誉と尊敬をえられる。農民がやる気になって、税収も安定する。孝を強調すると、政治にプラスになるのである。

❖

孝は、親が死んでも、終わるわけではない。親の名前を位牌《いはい》に刻み、廟《びょう》に祀って礼拝を欠かさない。このやり方を何代にもわたって続けると、大きな血縁のネットワークができあがる。血縁は観念だから、村が物理的に破壊されても壊れない。政治的動乱や災害の際にも、人びとはこのネットワークを頼りにする。末端のローカルな社会が安定すると、政治は手間が省ける。祖先崇拝は、儒学の大事な柱。儒学の成功の秘密である。

❖

中国の人びとは、親はやがて死に、祖先の列に加わると思っている。祖先がいなければいまの自分はなく、社会的存在もない。ちゃんとした祖先と親族がいるから、自分もちゃんとしていられる。

中国の人びとは、自分はやがて死に、祖先として子や孫に祀られると思っている。子孫がしっかりしなければ、自分がきちんと祀られるかどうかわからない。

いずれにせよ、中国の人びとにとって、死者は、この世界で生きていた血縁関係をそのまま保存した存在だ。抽象的な霊魂になって、死者の国で自由に暮らすわけではない。輪廻するわけでも、救われて神の国に入るわけでもない。

歴史と死者

科挙で選抜され、政治で活躍していた人びとが死ぬと、故郷で子孫によって祀られ、先祖の列に加わる。政府とは関係がない。

その代わり、政治家に名誉を与えるのは、歴史である。歴史に名を残すことは、政治に関わる人びとにとって最高の栄誉である。人生の目的、と言ってもよい。

⁘

歴史書は、倒れた前の王朝のことを、つぎの王朝の知識人が、調べて書くのが慣例だ。王朝を越えて、バトンが受け継がれる。それには、あとの王朝の知識人に対する、信頼がなければならない。いまの王朝を生きる知識人と、あとの王朝を生きる知識人が、同じ価値観をそなえているからそれができる。王朝が交替しているからむしろ、権力や利害のしがらみなしに、公正で客観的な判断が期待できる。義を貫き非業の死を遂げた者も、歴史に記され、歴史書のなかに永遠の命をえることになる。

⁘

歴史は、ローカルな社会や血縁集団とは違う、国家レヴェルの栄誉を記す。知識人（行政職員）はその役目を終えたあと、いかに生きいかに死んだかの人生まるごとが、評価の対象になる。志ある人びとは、自分がどう歴史に書き留められるかを意識している。

歴史は、現実政治を記述しつつも、現実政治に対してメタレヴェルにある。

⁘

歴史に登場する人物は、すでに死んだ人びとばかりだ。しかし、歴史に描かれるのは、生きて行動していた当時の彼らである。その意味で、歴史にも死者のための場所はない。ときに死を覚悟し、それぞれの死を迎えながらも、歴史のなかで、彼らは生きている。どういうことか。

歴史は、過去についての物語、死者たちの物語である。が、それをいま生きている後世の者たちが、記憶し理解し、評価することである。生きている者たちがいなければ、歴史はない。歴史を気にするとは、自分が、後世の人びとにどう見えるかを気にする、ということだ。後世の人びとは、価値観（儒学）を共有する、言わば仲間。その彼らが、死んだあとの自分をどう見るか（だけ）を気にして、自分の死それ自体から目を背けるという態度なのだ。

死から目を背ける

実は祖先崇拝についても、同じことが言える。

親が死ぬと、位牌に名を記す。「○○○之霊位」と書く。「霊位」なのだから、死者の霊がいるのだろう。でもおとなしくて、勝手に暴れたり祟《たた》ったりしない。廟のなかで子孫を見守っている。祖先として祀られるから安心だ、というのは、後世の子孫の観点から、死者である自分をみることである。後世の人びとの目からみれば、自分は死者として「生きている」。祖先崇拝は、自分が死ぬことから、巧妙に目を背ける仕組みなのだ。

歴史も祖先崇拝も、
死を後世に生きる者から眺め、死そのものから目を背ける ―― *39*

これは、終活と少し似ている。遺言を書き、葬儀の費用を心配し、墓所を手配する。自分の死に関わる雑事を処理する。すると、死について準備ができている気がする。けれども、自分が死ぬということ、つまり、自分の死をそもそもどう受け止めるか、という肝腎な点から、微妙に目を背けていないだろうか。（もちろん、遺言や葬儀の費用や墓所の手配を、しなくてよいと言いたいのではない、念のため。）

死者を死者自体として見つめるのは、道教である。

道教の自然と死

道教は、儒学と別の起源をもち、老子、荘子に始まるという。諸子百家のなかで儒学とともに生き残り、中国の思想文化の骨格をかたちづくった。

老荘は、自然を重視する。自然とは、人間の統治の及ばない領域のこと。理想の空間である。

こう聞くと、日本人も自然を大切にするからおんなじだ、と思うかもしれない。日本と中国では、自然の感覚がまるで異なるので注意しよう。

⁘

中国は、早くから農耕と都市文明が行き渡った。中国に行ってみると、原始林はもちろん、里山のようなものも見当たらない。住居は塀で囲まれ、都市は城壁で囲まれ、すべてが人為的空間である。人為的とは、統治の行き渡る政治の領域、ということだ。

中国の人びとが自然に魅力を感じるのは、そうした人為的空間から脱出したいと願う空想（妄想）である。

儒学は、行政職員を選抜し、統治を行なう。行政職員は競争する。競争に敗れて、左遷されたり失脚したりする人びとも多い。儒学の世界に理想を実現できない人びとは、もうひとつの世界（オルタナティヴ・ワールド）に望みを託す。それが、道教の無為自然の世界だ。
道教は、儒学の反世界である。私は道教を、「ウラ儒学」とよんでいる。

⁘

自然のほかにもうひとつ、道教が目を向けるのは、死の世界である。

死について、中国の人びとはもともと、あまりはっきりしたイメージを持っていなかった。そこへ仏教が、具体的なイメージをもたらした。輪廻と地獄である。

仏教によれば、輪廻の範囲は、この人間世界（娑婆）だけでなく、その下方の、修羅《しゅら》／餓鬼／畜生／地獄、という平行世界にも及ぶ。人間は、この世界で死んだあと、行ないが悪いと、地獄に生まれて苦しめられる。

地獄は、人間が死んだあと、そこに「生まれる」場所である。死者の国ではない。これが、仏教の説く地獄だ。

ところが道教は、地獄のイメージを仏教から受け取ると、それを「死者の国」につくり変えた。このほうが、中国の人びとにしっくり理解できた。

⁘

中国では、人間は死ぬと「鬼」になると考える。鬼とは、死者のことである。そこで、死ぬことを「鬼籍に入る」という。

死んで鬼になると、地獄に下る。地獄は地上とそっくりで、皇帝（閻魔）がいて、官僚機構があって、人びと（鬼たち）を統治している。死んだ親は、鬼の一般民衆として、地獄で苦労している。そこで、地上に生きる子孫は、死んだ親のため、冥銭《めいせん》を焼いて送る。これが孝行なのだ。（冥銭は地獄で通用するお金で、線香などと一緒に売っている。）

地獄が地上とまったく同じなら、鬼も死ぬはずだ。実際、鬼も死ぬらしいのだが、そのあと何になるのかはっきりしない。

道教はこのように、地獄を死者の世界としてありありと描く。

⁘

道士たちは、呪術や妖術など超自然的なパワーを駆使して、人びとの要求に応えようとする。道士は、道教のエクスパートである。道教の想定する超自然的なパワーは、儒学の行使する政治的なパワー（統治権力）の裏返しの、オルタナティヴ・パワーである。

中国の仏教

仏教が中国に伝わって、儒学や道教と摩擦を起こした。

仏教は、出家して修行することに価値を置く。出家とは、両親を捨て家を離れて、修行者で集団生活をすることである。親を捨てることほど、儒学で親不孝なことはない。儒学からみて、仏教はとんでもない宗教なのだ。

仏教は中国では、管理の対象になった。

仏教の出家修行者の集団（サンガ）は、インドでは、政府から自治を認められている。たとえば出家修行者は、刑事責任を追及されたりしない。逆に、サンガが政治や経済や芸能など、世俗の活動に関与することもない。

このような仏教が拡まると、孝を大事にする儒学の基盤を掘り崩しかねない。

そこで政府は、寺院を管理する行政部門を置き、寺院の役職者をそこに組み込んだ。仏教局ができて、寺院が国立大学になったようなものである。出家も、許可制にした。

⁘

仏教の経典はつぎつぎ、中国語に翻訳された。漢訳仏典である。そのほか、翻訳に見せかけて、多くの経典が中国人の手で創作された。これを、偽経《ぎきょう》という。中国の経典の三分の一は偽経だという。仏教を中国社会の価値観に合わせて変形するための努力である。

仏教の経典に刺戟されて、道教は多くの経典を創作した。仏教と道教は反目しつつも次第に接近した。そのアイデアのかなりの部分は儒学（朱子学）に流入した。

⁘

中国で仏教として成功したのは、禅宗である。禅宗は、テキストにあまり依拠せず、独特の修行法をもち、経済的にも自立したので、政府の方針に左右されずに存続することができた。

出家修行者は、家を出て、血縁集団から切り離される。そのため、姓を捨てて法名を名のる。法名は師から与えられる。師弟の系譜は、血縁の系譜のように、重視される。教えの正しさを担保するからだ。儒学の祖先崇拝の考え方が、仏教に投影されたものだ。

⁘

中国では葬儀は、儒学式（あるいは、道教式）で行なう。中国の仏教は、葬儀に関わらない。ただし禅宗では、出家修行者は、出身の血縁集団を離れているので、仏教式の葬儀を行なう。そして、寺の墓に埋葬した。祖先崇拝と関係がない。この点では、仏教の原則に忠実だ。

その仏教式の葬儀のやり方が、日本に伝わった。やがてすべての宗派が、門徒のために仏式葬儀を行なうようになった。仏教の原則と日本の伝統とがあいまいにミックスされ、よくわけのわからないものになった。葬儀は世俗の仕事だからやってはいけない、が仏教の原則だった。それが、仏教は葬儀しかやってはいけません、になったのだから、皮肉な結果である。

中国文明の死生観

中国の人びとの考え方がこのようであるとして、結局、どういう特徴があるのか。一神教やインド文明の考え方と比較して、整理してみよう。

⁘

一神教は、唯一の創造神Ｇｏｄのはたらきとして、人間の生き死にを考える。人間が生きるのも死ぬのも、それがいつかも、Ｇｏｄが決める。そのパワーは絶対で、人間が口をさし挟む余地はない。個々人は、互いに切り離されていて、めいめいの運命が神と直結している。このような神Ｇｏｄをみなで信じ、そこから人間の生き死にや、政治や経済や社会の秩序を理解していく。

インドには、さまざまな神々がいる。大勢いるのだから、その一人ひとりの力量は分散する。もちろん神だから、人間の及ばない力量をもってはいる。それでも一神教の神と比べると、その力量は絶対とはほど遠い。その代わり、インドで絶対なのは法則《ダルマ》である。法則は、宇宙を貫き、神々を通してはたらき、人間を支配する。人間が生きるのも死ぬのも、また生まれるのも、法則による。個々人は互いに切り離されていて、めいめいの運命がダルマと直結している。このようなダルマをみなで信じ、そこから人間の生き死にや、政治や経済や社会の秩序を理解していく。

儒学の特徴は、神を考えないことである。一神教のような創造神（絶対神）はもちろんのこと、インドのような大勢の神々も考えない。

❖

では、人間が生まれ、また死ぬことを支配しているのはなにか。それは自然のはたらきであろうが、儒学はそのあたりを詳しくつき詰めない。その代わりに、人間のはたらきに焦点をあてる。まず、政治のはたらき。政治は、犯罪者を処刑して命を奪い、戦争を起こして敵を殺傷できる。また、親のはたらき。親は子を生み、育てる。子は親を介護し、最期を看取る。子が生まれるのは親の恩。子が親の死を見届けるのは孝である。

人間の生き死にを、神のはたらきと考えない。人間のはたらきとして考えようとする。人間のはたらきを統括するのは、政治である。政治には、権威と正義と強制力がある。儒学は、政治中心主義である。そして、神を考えない。このふたつは、同じことの両面である。

このように考えると、中国の人びとは、断固として政治を必要とする人びと。人為（人間のはたらき）を信じる人びと。自然を軽視し、政治の限界を軽視する人びとだ、と言うことができる。

人間の生き死にには、では、政治にすっぽり収まるのか。収まらないかもしれないが、収まるのが正しい。政治がなければ、人間はまともに生き、まともに死ぬことはできないのだから、と儒学は考える。

⁘

人間の生き死には、政治にすっぽり収まらない。それは、誰にでもわかる。そこで、儒学の隙間からもれた生き死にの問題を、拾いあげて解決するのが道教である。

道教は、人間の生き死にを説明する「理論」をもっている。それは、宇宙や自然現象をゆるやかに説明する原理のようなものだ。中国の人びとは、実際的で、あまり哲学に向いていないのか、インドの人びとのように精緻な理論をつくりあげない。儒学の知識人に、いい加減な迷信だと馬鹿にされるようなものしかできない。けれども、儒学がカヴァーしない領域を説明して、人びとの欲求を満たしてくれるのも確かなのだ。

道教には、さまざまな神々が登場する。天は、天帝となった。地獄を統治するのは、閻《えん》魔《ま》だ。関羽は、歴史上の人物だが、商売の神さまになっている。そのほか、それぞれ得意の領域をつかさどる神々がいる。

それでも道教は、儒学を押し退けて、儒学に取って替わることがない。いわば「ウラ儒学」の役割にとどまる。それはなぜかと言えば、中国の人びとは儒学の政治中心主義が主役であるべきで、道教のオカルト中心主義は脇役でよいと考えているからだ。儒学が中心で、儒学の足りない部分を道教が補う。儒学と道教は、あわせて全体、なのである。

中国共産党

中国は、共産主義を受け入れた。毛沢東の率いる中国共産党は、政権を奪い取り中華人民共和国を樹立した。

マルクス・レーニン主義は、官僚制である。政治中心主義である。唯物論であって、宗教を敵視する。中国の人びとの伝統的な考え方にぴったり重なる。共産主義は、受け入れやすかった。現世的で、合理的で、政治中心主義だから。

神や神々なしで、世界や社会を考える。儒学の伝統に合っている。一神教やインドの文明と異なる、中国の人びとの考え方に合っている。

⁘

であるのだが、伝統中国のやり方なら、現世的で、合理的で、政治中心主義的な儒学を補う、夢想的で、非合理で、人間中心主義的な道教にあたるものがなければならない。現代中国に、それにあたるものがあるかと捜してみると、見当たらない。中国共産党の支配は、政治中心主義であるだけではなくて、イデオロギー的であり、共産主義以外の考え方を許さないのだ。

では、中国共産党の考え方で、人間の生き死にの問題がカヴァーできるのか。カヴァーできない。漏れ出るものが多くある。その人間的な部分が、近代社会の成立には不可欠なものなのに。自由。人権。民主。そして、神や神々の存在。そうしたものを汲み取る余地が、中国共産党にはない。その結果、中国の人びとの死生観や価値観がいびつなものになる。

中国社会は硬直してしまった。硬直して、脆弱《ぜいじゃく》になっている。

儒学ふうに考える

中国の人びとは、儒学や道教に表れるような世界観のもとに、生きている。自分を理解し、自分の死を理解している。その際、神や神々を理解の手助けとはしない。

わが国は、漢字を受け入れ、律令制を受け入れた昔から、中国の人びとの考え方に影響され、それを学んできた。中国の人びとの真似をして、自分の死をみつめ、理解してみると、どんなふううか。

⁘

まずちょっと、儒学ふうに考えてみる。

人間は死んだらどうなるか。

存在しなくなる。身体がなくなる。この世界からいなくなる。もう会えなくなる。話ができない。税金が取れない。社会のメンバーでなくなる。

死ぬことは、その当人にとってどんな体験か。死ぬとは、どんな出来事か。それは、死ぬ当人にしかわからない。死んでみなければ、死ぬとはどういうことか、理解できない。それは、死ぬ前に考えられない。考えられないことは、考えても仕方がない。時間とエネルギーの無駄である。

死んだあと、霊魂が残るのか。死んだあと、どこかに行くのか。死んだあと、完全に存在しなくなるのか。

それはわからない。霊魂が残るのかもしれない。残らないのかもしれない。どちらなのか、確かめようもない。確かめようがなく、知りようがない。知ることができないなら、この社会と関係ない。そんなことは、考えすぎないのが正しい。そんなひまには、まともな人間として正しくこの世で生きることを考えたほうがよい。

道教ふうに考える

ではつぎに、道教ふうに考えてみる。

人間は死んだらどうなるか。

死んだら、死者になる。死者として、死者の国で「生きて」いる。存在しなくなるわけではない。この世界からいなくなるが、あの世界にいる。もう会えないけれど、連絡はとれる。この社会のメンバーではないが、あの世界のメンバーである。

わかりやすいと言えば、わかりやすい。

⁘

道教の考え方は要するに、「死者の国」がある、だ。

よくある考え方のように思えるが、まず、一神教の考え方ではない。キリスト教でも、イスラム教でも、死者の国があるとは考えない。人間は死ねば、いずれ復活する。そのときまで、墓のなかで、あるいは適当な場所で、待機している。その間も神に管理されているので、「死者の国で死者として生きて」いたりしない。

エジプトにはその昔、死者の国の考え方があった。ユダヤ教はそれに反撥し、徹底した唯物論になった。人間は死ねば土に還る。キリスト教とイスラム教は、そこに、死んだあと復活する、をつけ加えた。いずれにせよ、「死者の国」はない。

そして、インド文明の人びとの考え方でもない。ヒンドゥー教でも仏教でも、「死者の国」にあたるものはない。人間が死ぬのは、宇宙の法則の一部である。

インド文明では、輪廻の考えが主流である。それによれば、人間が死ねば、宇宙の法則に従って、この世界にまた「生まれて」くる。ただし、もとの人間のかたちをとっていない。死んだ親が、何に生まれ変わったのか、子どもにはわからない。親本人にもわからない。それでもともかく、この世界にまた生まれる。それなら、死者がずっと死んだままでいる「死者の国」は存在しない。

キリスト教文明も、イスラム文明も、インド文明も、「死者の国」などないと考える。中国の道教が「死者の国」があると考えるのは、だから、どちらかと言えば、めずらしいことなのだ。

⁘

「死者の国」がある。どこにあるか。地下にある。誰もそこには行けないが、確実に存在する場所だ。地上があれば、地下がある。地下は確かにある。

「死者の国」はどのようになっているか。仏教の経典にある地獄を参考に、想像をたくましくして、中国の人びとは「死者の国」のありさまを描きあげた。そこでは特に、地上の罪や不正義が罰せられる。この世界が不完全でも、地獄があれば完全に正義が実現すると考えられる。

しかし概して、「死者の国」は拷問と処刑の場所のようだ。死んだ親や祖先が、このようにいじめられてよいのか。親や祖先は、尊敬され、廟のなかで安らかに過ごすものではないか。道教の「死者の国」の考え方は行き過ぎると、儒教の政治秩序や親族の秩序を掘り崩してしまいかねない。

⁘

「死者の国」も自然も、この世界の政治の統治が及ばない場所である。道教はそれを拠点に、民衆を動員し、政治に反抗する。道教がたびたび政権の転覆に成功するのはそのためだ。

死者は死者として生きる

人間が死ぬ。でも人びとは、それをすぐに受け止められない。まだ生きているように、ありありと感じられる。人びとのなかに、死者は生きている。

この自然な体験を、集合的な信念にまとめたものが、「死者の国」である。

道教のように、詳細でごてごてした「死者の国」でなくても、自分にとって大事な死者が、死者としていまも自分を見守っているとか、死者に語りかけて交流するとか、考えたくなる。死者が、この地上ではなく、どこかよい場所で休んでいると想像したくなる。

⁘

この心理は自然なものなので、多くの人びとがこうした死者との交流を体験する。一神教であろうと、インドや中国であろうと、日本であろうと、この心理は共通だ。

これをまともに受け取めるなら、自分が死んだあとも、すぐに存在しなくなるのではなく、身近な生きている人びとのもとにとどまるということだ。そう考えられることは、死を受け止めるクッションのような効果をもつだろう。

5章・日本人は、死をこう考える

日本人は、日本列島に住み、社会を営んできた。人が死ねば悼《いた》み、死者を葬り、祈りをささげてきた。ほかの場所に住む人びとと同じである。

違いがあるとすれば、この列島独特の自然環境に従って、ローカルな伝統をつないできたことだ。

日本は、文明と言うにはサイズが小さい。内部の多様性も乏しい。中国文明の周辺にあって、そこから多くを取り入れてきた。死についての考え方にも、インドや中国の文明の影響を受けた。

日本人は、死についての自分たちの考え方を、たったひとつの明確な思想にまとめ上げなかった。その代わりに、時代ごとに、さまざまな考えのあいだを揺れ動いた。このあいまいで掴みどころのない死についての考え方の移り変わりを、追ってみよう。

・

縄文時代の死

稲作が始まる前、日本列島には縄文土器をつくる人びとの社会があった。その言語も社会も失われてしまって、不明である。考古学者は、遺物や貝塚や、竪穴住居の跡や原始的な農耕の証拠をみつけている。

埋葬のあとが発掘されている。屈葬といって、膝を抱くように遺骸を折り畳み、その上に石を載せたりする。死者の威力を畏れ、死者が墓地から動き出さないようにしたと想像される。

死は恐るべきものと考えられていたらしい。それ以上のことは、不明である。

弥生時代の死

稲作文化が中国方面から伝わった。狩猟採集民だった縄文人に比べ、弥生人は小柄だった。土器はより高温で焼かれる薄手のものになった。弥生人の死生観など詳しいことはわからない。

農耕は、森林を切り開くので、森林を拠点とする先住民と争いになる場合が多い。しかし縄文時代から弥生時代への移行は、大きな衝突なしに　平和裡に徐々に進行したようである。征服／被征服の関係でないなら、交流や文化の相互浸透があったかもしれない。

⁘

稲作は、富の蓄積と社会階層の分化をうみ、軍事力を蓄えた首長が分立する状態がうまれた。首長たちは、呪的能力のある女性を盟主として連合したりした。彼女は宗教者と思われるが、詳しい記録がなく、その実態は不明である。

有力者は、甕棺《かめかん》に入れて葬られた。発掘もされている。ふつうの人びとは、土葬されたであろう。それらがどんな死生観にもとづくのか、詳しいことはわからない。

古墳時代の死

首長はますます勢力を増大させ、地方政権となった。地方政権の首長たちは大きな墳墓を築造し、権力を誇示した。墳墓で祭祀が行なわれたのか、諸説がある。墳墓のなかには中国から伝わった思想にもとづき、内装を施したものもある。

副葬品も埋葬された。埴輪は、殉死の習わしをやめた身代わりという説もある。当時の人びとの死生観がどんなものだったかは、手がかりがなくわからない。

黄泉の国

人間が死ねばどうなるかについての、最初のまとまった記述が、古事記と日本書紀にある。八世紀初めのテキストだが、もっと古い時期の伝承を反映しているだろう。

イザナギとイザナミは、日本列島を生んだ夫婦の神である。妻のイザナミが出産の事故で亡くなり、黄泉《よみ》の国に去ってしまった。夫のイザナギはそれを追って、妻に会いに行った。妻のイザナミは醜い姿となって、鬼の女たちを従えていた。姿を見られて激怒した。

イザナギは逃げ、イザナミは追った。イザナギは、この世と黄泉の国とを分ける坂道を岩で塞ぎ、岩を挟んでイザナミと言い合いになった。イザナミは、この世の人びとを死者の国に連れ去ると言う。イザナギは、もっと多くの人びとがこの世に生まれると言い返す。イザナギが、黄泉の穢れを祓《はら》うと、アマテラス、スサノヲ、ツクヨミの三柱の神が生まれた。

イザナミの死をめぐる、有名なエピソードだ。

⁘

古事記がこの話をこのかたちで編集したのは、当時の人びとが、この話を聞き知っていて、納得していたからであろう。その要点をまとめてみると、

a ひとは死ぬと、黄泉の国に行く
b 黄泉は、地底にある
c 黄泉には、鬼や悪神がおおぜいいる
d 黄泉は、死の穢れにまみれている
e 黄泉とこの世は隔てられて、自由に往き来できない ――*40*

黄泉の国は、横穴式の墳墓を思わせる。もしもそうなら、あまり古い考え方ではないの

かもしれない。

本居宣長（江戸時代の国学者）は、人間は死ねば黄泉の国に行くに決まっている、と断言している。日本の古典の卓越した読み手である彼がそう言うのだから、すべての古典がこの考えのなかに収まるとみていたことになる。

⁘

異界と共同体

イザナミの死に続く話にはこうある。スサノヲは母が亡くなったことを悲しみ、「妣《はは》が国」に行きたいと大泣きした。そのため植物が枯れてしまうほどであった。黄泉の国と妣が国は、似たような異界だと考えられていたようだ。

折口信夫《おりくちしのぶ》（民俗学者）は、海の彼方にある「常世《とこよ》」が、死者の赴く妣が国でもあったのだろう、と古代の人びとの心性を想像した。

農耕が始まったころ、自然はまだ圧倒的で、共同体を取り巻いていた。海の彼方、地の底、山の上などどこであれ、共同体の外側に、人びとの理解の及ばない世界が拡がっていた。それが、異界である。人びとの起源があるとすれば、そこである。異質な他者もそこからやってくる。神々はそうした客人《まれびと》である。人びとは死者となってそこへ帰っていく。

折口はそうした古代の心性に、文学の根源をみた。

⁘

山の上であれ、地の底であれ、海の彼方であれ、共同体の空間的な遠方に異界があると想像する心性は、プリミティヴなものである。共同体とほかの共同体との交流は、密でない。進んだ文明地域からの文物や情報の流入も、乏しい。

農耕が発展すると、共同体間の交流が深まっていく。それに応じて、人びとの異界の観念も変化していく。

神も死ぬ

イザナミの死の物語の重要な点は、神も死んでしまうことである。

一神教の神（God）は死なない。死ぬことはありえない。永遠に存在して世界を支配し、人間の生き死にを管理する。被造物が死ぬのは、神の命令だ。

これに対して、日本の神々は、もとはと言えば、山や川や海や、巨木や岩や、鳥やけものや、太陽や月といった、日本の自然である。自然であるから、自然の定めによって、死ぬこともありうる。死は自然であるので、死もまた神として存在する。

神は、死ぬ可能性がある。ということは、神はもう死んでいるのかもしれない。その点を、人間ははっきり確かめることができない。

神も死ぬ。神自身が、死を前にうろたえる。人間と同じである。神がそういう状態なら、神が人間を死から守ってくれたりしない。死を前に、神は無力である。神も、死の穢れを恐れる。人間は、神に頼らず、自分だけの考えと力で、死に立ち向かって行かなければならない。これが、日本人の原体験だ。

⁘

神々の合議

古事記・日本書紀のもうひとつの側面は、神々の相互関係が描かれていることだ。高天ケ原《たかまがはら》に、神々が集まっている。その中心はアマテラスだが、ほかの神々もそれなりに存在感をもっている。

有名な天《あま》の岩戸《いわと》のエピソード。アマテラスが機嫌をそこねて、洞穴に隠れてしまう。世界は闇に閉ざされる。困った神々が相談する。よい方法はないだろうか。鏡を造って洞穴の正面に掛け、面白そうに踊りをおどってアマテラスの興味をひこう。神々がみなで騒いでいると、アマテラスが何だろうと覗いてみた。その隙を逃さず、岩戸の岩を押し退け、アマテラスを引きずり出した。要するに、アマテラスを騙した、ということだ。

アマテラスは、神々を統率している。けれども、絶対権力をもっているわけではない。神々は相談して、アマテラスの意思を覆すことができる。神々の合議のほうが優先する。人間の共同体の慣行が、投影されて、神々も似たようなものだと考えられている。

⁘

共同体は、死をはねのけることはできない。死を受け入れ、死と共にあることができるだけだ。神々も同じである。

共同体は、神々を祀り、神々に守られ、神々と共にある。では、共同体が交渉を深め、連携を強める場合、神々はどうなるのだろうか。

神々のパンテオン

共同体と共同体が争い、一方が他方に服属する。地方政権の首長と首長が争い、一方が他方に服属する。これを繰り返して、大きな政治勢力が形成されていく。このことは、神々の相互関係に反映されていく。

古事記・日本書紀に「国譲り」のエピソードがあった。いろいろ駆け引きがあった末、オオクニヌシが葦原《あしはら》の中津国《なかつくに》（日本列島のこと）の統治権を譲り渡すことに同意する。代わりに、オオクニヌシは出雲で大きな神社に祀られる特権を与えられる。

おそらく出雲はヤマト勢力（アマテラスを祀るグループ）に対抗するグループで、オオクニヌシを主神としていた。そのグループが服属する代わりに、ヤマト勢力側の神々のパンテオンのなかに、居場所を与えられたのだ。

⁘

古事記・日本書紀の役割は、神々をめぐり伝えられていた各地の伝承を、ひとつにまとめて文字記録とし、それ以外の記録を残させなかったことにある。こうして、さまざまな共同体や地方政権は、ひとつに統合された。その相互関係を、文字に記録された神々の相互関係としてたどることができるようになった。

各地の共同体や地方政権はそれぞれ、死についての物語をもっていたかもしれない。けれどもそのうち唯一の公認されたヴァージョンは、イザナギがイザナミを追いかける黄泉の国の物語、ということになった。

仏教の渡来

こうした状況で、仏教が入ってくる。

それ以前にも中国文明の文物は、いろいろ渡来していた。稲作がそうである。青銅や鉄の製品、そして技術もそうである。漢字もそうである。陶器や織物もそうである。天文暦法もそうである。さまざまな文物や技術が渡来し、社会を大きく変えた。

それに対して仏教は、抽象的な観念であり、哲学であり、宇宙観であり、それまでと勝手が違った。理解しにくくて、ハードルが高かった。

⁘

仏像が渡来した。金人《きんじん》とよばれ、拝まれた。最初は神のようなものと思われたのであろう。神のようなものが増えれば、もとからの神を祀っていた勢力は相対的に地位が低下する。当然、面白くない。

神は、共同体を支え、氏族や豪族を支え、地方政権を支える。仏はそうではない。仏はまず、個々人のためのものである。そして、中国でそうだったように、国家のためのものである。当時、共同体から離れた個々人も、また国家も、まだ存在しなかった。

⁘

そこで最初、仏教の支援者は、蘇我氏のような国際的な背景をもったグループだった。彼らは仏教を、国家のためのものにしようとした。国家のためのものなら、国の財政で費用をまかなうべきである。日本は、律令制を採用して、ようやく国家らしくなった。仏教は神々を押し退け、社会の中心に居すわった。でもすぐ、律令制の原則はどこへやら、国有地が貴族にネコババされ、私有地(荘園)に化けていった。税収が足りず、寺院の費用をまかなえない。そこで寺院も荘園を手に入れ、自活をはかった。国家ではなく貴族にサーヴィスして、報酬をえた。仏教の本来のあり方とはかけ離れた、平安仏教ができあがった。

煩悩と地獄

仏教は、これまでの神々の信仰になかった考えをもたらした。

第一に、煩悩の考え方。従来、ふつうの社会生活を送ることに、悪いところはひとつもなかった。それが仏教によると、覚りからほど遠い無明で、輪廻に縛られていることになる。これまでプラスだった日常が、マイナスの価値を帯びる。

第二に、地獄の考え方。人びとは悪行の報いとして、地獄に堕ちる。仏教の教えでは、輪廻して地獄に生まれるとされる。日本に伝わった地獄は、むしろ道教風で、死者がいじめられる場所である。日本人は輪廻を信じていない。人間は死ねば、死者となって死者の国に行く、という考えはわかりやすかった。

⁘

平安時代の人びと（貴族たち）は迷信深く、物忌《ものい》みや方違《かたたが》えの風習でがんじがらめになっていた。ひとつは、国有財産をネコババして成立した荘園経済の根拠があいまいで、後ろめたかったこと。もうひとつは、物忌みや方違えで貴族を脅かし、金を巻き上げる手合いが大勢いたこと。彼らは貴族を喰いものにしていた。

怨霊

貴族たちは、政治と称して人事に熱中し、セレブ生活にうつつを抜かしていた。ポストと利権は限りがあるので、それをめぐる政争があり、失脚があった。菅原道真《すがわらのみちざね》のように恨みをのんで死んだ有力者は、怨霊《おんりょう》となって京都を脅かした。怨霊を鎮めようと、道真は天満宮に祀られ、天神として拝まれている。

怨霊が祟るという考えは、古い起源なのかもしれないが、この時代に増幅した。仏教は合理的で、また善意（慈悲）を原理とするので、祟ることができない。いっぽう神道の神は、祟ることができ、また祟りを鎮めることができる。仏教はホワイト・マジック、神道はブラック・マジックのように分業して、平安の社会を住み分けていた。

仏教と葬儀

神道には、死の穢れの観念がある。これは抜きがたい感情だ。

仏教は、徹底した合理主義（因果論）である。霊魂を認めないから、怨霊もない。死を恐れないし、死体も恐れない。それなら葬式をやらせるのにちょうどよいと、仏式の葬儀が貴族のあいだで流行した。もともと葬儀は世俗の職業で、僧侶には禁じられていた。でも中国の禅宗は、出家者なのに例外的に、なんでも自分でやる宗派なので、葬儀も自分でやる。ゆえに、仏式の葬儀をつくりだしていた。それが日本に伝わった。

仏式の葬儀は時代を追うごとにだんだん庶民にも普及し、江戸時代にはすべての人びとに強制されるようになった。日本人は、葬式というと仏教を思い浮かべ、仏教というと葬式を思い浮かべる。仏教と葬式はもともと何の関係もなく、ミスマッチな取り合わせだということを覚えておこう。

⁘

神仏習合

神々を祀る神道と、真理を覚る仏教。そもそも互いになんの関係もなく、互いに違和感としこりのある関係だ。それが平安時代も後半になると、歩み寄りが始まった。日本に唱えられたのが、本地垂迹《ほんじすいじゃく》説である。インド（本地）から仏や菩薩がおおぜい、日本にやってきて（垂迹）降り立ち、神々となった。だから実体は同じものだ、という。仏・イコール・神である。仏典のどこをさがしても、そんなことは書いてない。なんの証拠もない。だから「説」なのだが、当時そう思いたい人びとが多かったらしく、それでいいことになってしまった。

本地垂迹説によれば、仏と神とは同じものである —— 41

仏と神を区別するのをやめ、同じものだと考えるようになることを、神仏習合という。

⁘

仏と神という、大変性質の異なったものを同一だと考えると、仏教が変質する。通常の仏教で成り立たない命題が成り立つようになる。そして神道が変質する。通常の神道で成り立たない命題が成り立つようになる。

死についてもそうである。たとえば、日本人は、「人間は死ぬと仏になる」と思っているひとが多い。インドや中国でこういうことを言うと、笑われる。仏教からは絶対、この命題は出てこない。真理を覚れば仏になるので、それ以外の道はない。人間の生き死にと覚りとは、直接の関係がない。

なぜこういうことになるのか。もともと、人間は死んだら神になる（こともある）、と日本人は考えていたのだろう。そこに、神＝仏を代入してみる。すると、「人間は死ぬと仏になる」になるのである。

「人間は死ぬと仏になる」は、仏教の正しい考え方ではない —— 42

念仏宗は、死後に極楽往生することを願う。念仏宗の信仰は、この命題（人間は死ぬと仏になる）とぴったり合っているような気もしてきたりする。

天台宗と真言宗

少し話を巻き戻そう。

仏教が日本に伝わってしばらくすると、中国の宗派が日本に輸入されて、南都六宗《なんとりくしゅう》というものになった。奈良を中心に活動した宗派である。中国の宗派は、特定の仏典を研究する出家修行者のサークルのようなものだ。ある寺院にはさまざまな宗派のメンバーがいるし、ある宗派のメンバーはさまざまな寺院に散らばっている。南都六宗もそうした研究サークルのようなものだった。

⁘

さて、平安時代に遣唐使船で、最澄と空海が中国に渡った。その二人が戻ってきて、比叡山延暦寺と高野山金剛峯寺を開いた。それを境に、事情が変わった。延暦寺は天台宗、金剛峯寺は真言宗。寺がそっくりまるごと、ひとつの宗派で占められることになった。画期的なことだった。

日本人は寺と聞くと、本寺があって末寺があって、どこかの宗派に属していて、…と考える。こういう常識は、江戸時代のものだ。仏教には本来、いまでいう「○○宗」のようなものはなく、宗派があっても寺院でなかよく共存していたのである。

高野山金剛峯寺は、空海のもと、真言宗（密教）の中心地となった。京都の東寺は、その出張所である。

比叡山延暦寺は、最澄のもと、天台宗の中心地となった。天台宗は、さまざまな教理を総合し、さまざまな修行法をとる。そこから、山岳修行も、念仏も、禅も、法華宗も、スピンオフした。

⁘

これ以後、日本の仏教は、明確な宗派に分かれていく。寺はそれぞれ、特定の宗派「だけ」の寺になる。そしてそれぞれの宗派は、独自の経典解釈と死生観をもつことになる。寺ごとに「言っていることが違う」、が当たり前になった。「仏教は死をこう考えています」、とひとまとめにはできなくなった。

念仏宗

平安から鎌倉にかけて、大きな変化が起こった。まず念仏宗が現れた。

念仏宗は、のちに浄土宗、浄土真宗とよばれるようになる。考え方はよく似ている。浄土宗の法然《ほうねん》は、出家修行者としての生涯をまっとうした。浄土真宗の親鸞《しんらん》は妻帯し、それが宗風となった。それでふたつのグループになった。

⁘

念仏宗の突破口を開いたのは、法然である。法然は、仏教の論理を突き詰め、すべての行を称名念仏《しょうみょう》（「南無阿弥陀仏」と口で唱えること）に純化できることを証明した。この証明は、説得力があり、革命的な破壊力をもった。当時の仏教をいちど全部リセットし、念仏宗に再編しましょう、と主張したから。

念仏宗は、末法の世では、
仏教の行が称名念仏に純化できると主張する ―― 43

⁘

念仏宗の破壊力は、マルクス主義のようである。

マルクス主義が批判するのは、資本主義の経済と社会。いっぽう、念仏宗が問題にするのは、律令制・荘園制・寺社権門《けんもん》体制。当時の社会体制だ。農民を踏みつけにして、栄華をむさぼる貴族や僧侶たち。その歪んで間違った体制を、末法の世という。末法の世は、本来の仏教からみれば例外的な緊急事態で、通常の修行が効力をもたない。例外的な状況向けの教えはないものか。法然が仏典を調べると、浄土経典のなかにそれがみつかった。浄土三部経の説くところによれば、阿弥陀仏の本願によって、この世界に迷える衆生は極楽浄土に招来されて往生し、救われる。極楽に往生するには、念仏を唱えさえすればよい(称名念仏)。いや、それさえも本当は不要で、阿弥陀仏を信じればよい。この「信」を核にする運動が、念仏宗である。

反体制の確信犯

念仏宗は、念仏以外の行をやめてしまう確信犯である(専修念仏)。従来、功徳があるとされていた、読経とか坐禅とか造寺造仏とか寄進とか…を、一切しない。そこでこの集団は、徹底して貧乏になる。民衆も貧乏なのだから、それでよいとする。

念仏を唱える農民が、荘園の村々に増えていく。日本の農民が始めて主体的に選びとった、信仰である。念仏は、信仰を同じくする人びとのあいだの連帯と団結をつくりだす。

皆がそろって念仏を唱えれば、荘園主は圧力を感じるだろう。念仏が盛んになるにつれ、寺社の経営基盤が脅かされはじめた。寺社の要請で「念仏停止《ちょうじ》」がたびたび命じられた。晩年の法然も捕らえられ、島流しになった。

⁘

念仏宗の信徒は、極楽往生を確信する。極楽往生するための十分条件がなにか、議論があった。極楽往生の確証がなくても、確信があればよい、という結論になった。極楽往生の確信を、往生決定《おうじょうけつじょう》という。この確信を共有する人びとが、念仏宗の信仰共同体である。
念仏宗の信仰共同体の人びとは、必ず極楽に往生してやがて仏になる。それなら、この世にあっても仏同士のようであるべきだ。仏のように、他者に対するのでなければならない。極楽往生を信じることによって、この世界の行動が違ってくる。

⁘

死についての考え方はどうか。
極楽に往生すると決まった人間は、つぎのようなステップを踏むはずだ。

この世で死ぬ
⇩
極楽に往生する

⇦
成仏一歩手前にランクが高まる
⇦
極楽で死ぬ
⇦
再び極楽に生まれる
⇦
修行してついに成仏する
⇦
宇宙のかなたにワープして、新しい仏国土を与えられる

死んで極楽に往生しさえすれば、あとは一直線で、仏になることが決まっている。それならば、死を恐れることはない。死は、怖いどころか、死ぬたびに仏に近づいていくわけで、よいことである。

仏になって、仏国土を与えられると、衆生を救済するなど、やることがいっぱいあって忙しい。この世界で苦しんでいる仲間の人間を、救済にやって来てもよい。

結論として、念仏宗の信徒は、死を恐れない。一向一揆《いっこういっき》が手強かったのも、こういう理

由による。

念仏宗の信徒は、死を恐れない ―― 44

禅宗

禅宗は、中国で興った宗派だった。

禅宗は、日本に伝わった。そのロジックを、とことん純化したのが、道元である。

⁘

人間はなぜ、仏になれるのか。それは人間が、仏性をもっているからである。仏性は、仏になるポテンシャルのようなもの。修行によって、それが開花して、仏になるのだと考える。ふつうの仏教である。

「人間は仏性があり、修行すれば、仏になれる」が、ふつうの仏教だ ―― 45

これに対して道元は、坐禅をしているとき、人間はもう仏（ブッダ）だ、とする。人間は、修行してその果てに仏（ブッダ）になるのか。そんなことは、どうでもよい。いま確実に起こっているのは、坐禅をして、仏（ブッダ）になっていることだ。

「人間は坐禅をすれば、仏である」が、道元の禅宗だ ―― 46

禅宗は、坐禅をとりわけ重視する。そのほかは無意味だとする。仏典を読んだり、堂塔を建てたり、寄進をしたり、護摩を焚いたり、…といったこれまでの修行は、ほんとうの仏教ではない。価値がないとする。

これは、在家の人びとにとっては、心強い考え方だ。平安貴族のセレブたちと違い、在家の人びとは忙しくて、仏典を読んだり、堂塔を建てたり、寄進をしたり、護摩を焚いたり、…する余裕はないのだから。

とは言え坐禅は、訓練をへた修行者でないと、なかなかうまくできない。フルタイムの活動で、ふつうのひとの片手間では無理である。ふつうのひとはフルタイムで、世俗の職業に就いているのである。

武士と禅

武士たちは、禅に魅了された。武士は殺人や暴力を職業としており、ふつうの仏教では救いから遠いとされている。武士たちは思う。自分たちはまじめに職を勤めている。所領を治め、主君に仕え、一族を守っている。まじめに務めている点では、禅僧と同じだ。訓練と集中がなければ、武芸に熟達もできない。自分たちのあり方こそ、禅のやり方に合致しているのではないか。

禅は、在家→出家→修行→覚り→仏、という順番を解体する。修行と覚りは、順番に起こるのではなく、同時でよい。修行から覚りまで永遠なのではなく、一瞬である。永遠も一瞬も同じことなのだから、在家も出家も同じことである。武士は武士であるまま、禅の精神に従って行動できる。そして、禅の精神に従って行動するなら、そこに覚りがないとは言えない。

こうして、武士は武士の務めを果たしながら禅を実践し、農民は農民の務めを果たしながら禅を実践し、商人は商人の務めを果たしながら禅を実践する。禅はこうして、出家の枠に収まらなくなる。

死の制約を超える

死についてはどうか。

死は、この世界を人間が生きることの、終わりである。そのあと、生を営むことがもうない。仏は、生死を超越している。仏は、どれだけ生きてもよく、いつ死んでもよい。生きるものは死ぬ、という制約を離れている。仏にとって、死の制約は消え去っている。

禅をしているとき、そのひとは仏である。仏であるなら、やはり死の制約は消え去っている。

在家の人びとが世俗の職業に集中しているとき、そのひとは仏である。仏であるなら、死の制約を超えている。したがって、死の制約を超えたければ、世俗の職業に集中すればよい。武士は武士の務めに、農民は農民の、商人は商人の務めに、集中すればよい。そうすれば、死の制約を超え、生死を超越できる。死を恐れたり、迷ったりしなくなる。


禅の精神で、世俗の職業の務めに集中すれば、死を超越できる ―― *47*

⁘

死にさらされる機会の多かった武士は、禅こそ、武士としての自分の生き方に、確信を与える根拠になると思った。

武士でない人びとも、これまでの仏教でなく禅であれば、自分の生き方に根拠を与えることができると思った。

禅は、神々や迷信や呪術と切り離された、合理主義である。禅は中国起源なので、日本の神々や共同体の慣行や迷信や呪術と、関係ないのだ。

禅は、この世界の活動がそのまま仏のあり方になるので、極楽に往生する必要がない。

禅と念仏は、どちらも仏教であるが、重複せず分離している。考え方を純化すると、このような分離が生じる。

法華宗

念仏宗、禅宗に並ぶのが、法華宗である。

法華宗を立ち上げたのは、日蓮。日蓮は、安房の漁師の出身で、念仏宗や禅宗が盛んな時代に育った。比叡山で天台宗を学び、仏教の真実のあり方を問い続ける。そして、法華経こそが唯一最高の経典だと確信する。

法華経が最高の経典であることは、天台宗の教義だった。法華経を重視するのは、だから日蓮の独創ではない。日蓮がユニークな点は、法華経中心主義を徹底して、ほかの経典やほかの宗派を敵視し排斥し、法華経のみに価値があるとしたところである。

日蓮は法華経を、文字通りにこの世界の現実を予言する書物として読んだ。天変地異や社会の混乱を、人びとが法華経を尊重しないために起こるとした。法華経の予言のうちまだ起こっていないのは外国の侵攻なので、まもなく起こるであろう。その通りにモンゴルが侵攻してきたので、日蓮の予言は本当かもしれないとみんな思った。

⁘

法華経は、ほかの経典とどこが違うか。

ふたつの点が違う。

第一に、久遠実成仏の考え。釈迦仏（ゴータマ）は、かつてインドに生まれ、真理を覚って仏となって、死んだ。しかしそれは、かりそめの姿にすぎない。釈迦仏の真実の正体は久遠実成仏で、ゴータマが死んでも死んでおらず、永遠に霊鷲山に住している。このことは、法華経にしか書いてない。

釈迦仏が死んで、存在しなくなったことを前提に、これまでの仏教は展開してきた。末法も、釈尊の死から数えて、何年目だから法がすたれていく、と説く。釈迦仏が現在も存在するなら、釈迦仏に従い、釈迦仏の意思の通りに行動するのが正しい。法華経は、このように考える。

第二に、菩薩の考え。菩薩は、大乗仏教のキー概念だから、ほかの経典にも出てくる。

しかし法華経の菩薩は、ひと味違う。法華経の半ばで、地面の下から無数の菩薩が湧いて出てくる。釈迦仏は永遠の昔から法を説いていたので、それを聴いて修行を続ける菩薩が大勢地中に隠れていたのだ。法華経の菩薩は、久遠実成の釈迦仏と対応していて、それに応えて修行を続ける人びとである。

菩薩は在家修行者のことだから、出家していなくても、久遠実成の釈迦仏に導かれているなら、つまり法華経によってこの世界を修行と心得て生きるなら、誰もがこうした菩薩である。

菩薩の理想化

法華経を真実の経典と掲げる法華宗。この宗派を立ち上げた日蓮は、この世界を、法華経の説く久遠実成仏に従う菩薩たちの仏国土につくり変えようとする。それには、そのほかの宗派を排除し一掃しなければならない。言うなれば、革命である。

それには、菩薩を組織しなければならない。菩薩は、菩薩としての自覚にもとづき、菩薩行を行なう。たとえば、皆にどんなに馬鹿にされようと、「あなたはやがて覚ります」と告げて回った、常不軽《じょうふきょう》菩薩のような生き方だ。法華経は菩薩行を高く評価する。菩薩行が自己目的化するほどである。覚った仏（ブッダ）が言う、これからも菩薩行を続けていこう、菩薩行をやりたいのだ。菩薩行は本来、真理を覚って仏になるための手段であるはず。ところが、その仏が、覚ったあとでも、菩薩行をやりたいと言う。覚りよりも、菩薩行のほうが価値がある、ということになる。

法華宗は、菩薩行を、覚りよりも重視する――*48*

菩薩行が自己目的化すると、覚りが相対化される。覚っても覚らなくても、いま菩薩行を続けること自体に価値がある。その菩薩行を、久遠実成の釈迦仏が導いている。そして見ている。釈迦仏は、菩薩行を行なう菩薩と共にいる。この世界の人びとすべてがそうした菩薩行を行なえば、それは理想的な世界ではないか。

この世界で菩薩行を行なうには、在家の人間であってよい。常不軽菩薩は、出家ではなかった。それぞれの職業につきながら、この世界を、菩薩行を行なう理想世界として生きる。それは、久遠実成の釈迦仏を中心とする、理想的な調和の空間である。覚ることを度外視して、菩薩として行に励むこと。これがそのまま覚りに等しい、がその思想の極致であろう。

⁘

法華経はこのように、仏教で周辺的な存在でしかなかった在家の農民や商人に、確固たる信を与えることができた。ルターの宗教改革と、似ている点が多くある。

けれども、法華宗が「法華経テキスト原理主義」にならないのは、法華宗が経典のテキストを読むことを、人びとに要求しないからである。その代わりに、法華宗は、題目を唱えることを重視する。題目とは、「南無妙法蓮華経」と、法華経の名称を繰り返し唱えること。先に広まった念仏宗の「南無阿弥陀仏」を意識している。当時は字が読めない人びとが多かった。字が読めなくても、法華宗の信徒の群れに加わることができるよう、工夫したのだ。だがそのため、信徒の人びとがテキストを根拠に、既成の仏教を批判し社会を思考する回路が閉ざされた。

法華経と死

死についてはどうか。

法華宗の人びとは、菩薩行を実践する。久遠実成の釈迦仏に従ってのことだから、その行は、仏（ブッダ）と共にある。仏（ブッダ）は、生死を超越している。ゆえに、菩薩行もまた、生死を超越している。菩薩行のために命を落とすとしても、それが仏（ブッダ）の意思であるなら、かまわないという態度になる。

日蓮は、他の宗派を批判し、念仏宗などに恨まれた。流刑の判決を受け、警護の者に護送される途中の腰越（江ノ島の手前）で、斬られるはずであった。しかし死を恐れない日蓮の泰然たる様子に、警護の者が逆に動揺し、怪異の現象に遭遇して太刀を落してしまう。自分の信仰と菩薩行を貫く覚悟のもと生きていたことがわかる。

⁘

法華経は、輪廻を繰り返す歴劫成仏を前提に組み立てられている。そこでは菩薩行は、覚りをめざすための修行である。その場合、死は避けられないもので、同時に、修行のランクを上げて覚りをめざして前進するために不可欠のステップである。ふつうの大乗仏教と同じだ。

それに対して日蓮は、法華経を、それ以外の経典より上位に置いた。法華経には、ほかの経典（ふつうの大乗仏教）には書いてないことが書いてある、ことになった。それは、菩薩行が自己目的である（覚りより重要である）ことだ。日蓮は、真理を覚った仏（ブッダ）ではない。法華経の行者である。その日蓮が、法華宗の信徒にとってのロールモデルになる。死んでこの世界を離れたあとは、輪廻を繰り返して、仏（ブッダ）をめざして修行を続けるであろうけれど、ともかくこの世界にいるあいだは、精一杯に菩薩行につとめなさい。それが仏の道であるから。

このように菩薩行に集中するのは、現世中心主義である。そのぶん、死や来世のことはあと回しになる。

法華宗では、信徒は、
死と来世をさておき、現世の菩薩行に集中する――49

ただし、だからと言って、死を忘却しているのではない。死がこの人生のピリオドであるから、そのときまで菩薩としてこの世界を生き通すことを大事にしている。死んだあとのことは、久遠実成の釈迦仏に任せよう。この世界での菩薩行はいましかできない。釈迦仏の意思に適う仏の道である。仏の道を刻々生き尽くすことが、正しい死と来世と、将来の覚りへと至る道である。このように、勇気をもって現世と向きあうことが、死と向きあうことだ、と法華宗は考える。

法華宗は、菩薩として現世と向きあい、死と向きあう――50

仏教原理主義の挫折

平安から鎌倉の時期に現れた三つの宗派（念仏宗、禅宗、法華宗）はどれも、多様な仏教をまるごとひとつのアイデアに「純化」しようとした。やり方はそれぞれ違った。どれも成功を収め、多くの信徒を獲得した。はじめて仏教に触れ、はじめて信仰をもった人びとも多かったことだろう。

この三つの運動を、「仏教原理主義」とよんでもよい。

仏教原理主義は、仏教のまるごとを、ひとつのアイデアに純化する —— 51

ここで「原理主義」とは、ある根本的な前提から、信仰の全体を体系的に組織することをいう。

もともと原理主義は、キリスト教（のとくにプロテスタント）の運動だった。キリスト教は、イエス・キリストに従うものである。神の言葉は、聖書に記されている。そこで信徒は聖書を精密に正しく読み、自分たちの思考と行動の規準にしようとする。教会の伝統はさておき、聖書だけに従おうとする態度が原理主義だ。

経典には、神の言葉ではなく、仏（ブッダ）の言葉が記されている。仏の言葉は、命令ではなく、勧告（アドヴァイス）である。そして経典は数が多く、さまざまな異なった、ときには矛盾することが書いてある。仏教の修行者は、それぞれ適当と思う教えに従い、ひとりがさまざまなやり方を順番に試したりする。仏教を「純化」するとは、こうしたばらばらなやり方を、ひとつの核になるアイデアのもとに体系化することである。キリスト教の原理主義とは異なるものの、動機や効果は似たようなところがあった。

仏教原理主義は、挫折した。社会をつくり変える主役とはならなかった。代わりに、社会をつくり変える主役となったのは、武士だった。

⁘

三つの新しい宗派が、打倒のターゲットとした荘園制や権門体制は、数世紀を経るうちに歴史の舞台から退場して行った。けれども、念仏宗の信徒や法華宗の信徒が、かわってこの社会を組織することはなかった。仏教原理主義には、この社会を組織する原理がなかったからである。この点、ルター派やカルヴァン派など、キリスト教のプロテスタント諸派の場合と異なる。

武士は、世俗の団体で、戦闘力をもち、村落を統治する能力をもっていた。広域の組織も形成できた。武士の集団は、いくつもある仏教の宗派と距離をとりながら、統治権を樹立し、法律を設定し、政府を樹立した。

政府と政府は抗争し、連合し、その集大成が江戸幕府であった。

江戸幕府の原則は、どの宗派も政府の言うことを聞きなさい、である。言うことを聞いた宗派だけが、存続を許された。そして、行政事務（葬儀や出生登録など）を任された。寺請《てらうけ》制度である。

イエ制度と寺請制度は、人びとの考え方を大きく変えた。

寺請制度は、仏教原理主義に手を焼いた武家政権が、採用した仕組みだ。

∴

人びとはイエごとに、どれかの宗派の、寺に登録させられる。生まれたら宗派が決まってしまうので、選択の余地がない。宗派から「信」の要素が抜けていく。この結果、何年か経つと、どの宗派も似たりよったりになる。

イエと葬式

どの寺も、法事や葬儀のほかは、おおぜい人を集めてはいけない。また、誰かが宗派を変わってもいけない。つまり布教をしてはいけないのだ。代わりに、葬式だけしていなさい。寺は収入が保証された。

イエごとに宗派が違うので、親戚の葬儀や法事に参加するたび、違った宗派になる。その結果、読経、焼香、戒名のつけ方など、細かな違いがあっても、似たようなセレモニーになる。盆や彼岸などの年中行事も、各宗派に共通である。

∴

この結果、宗派の違いは丸められ、ありがちな常識ができあがる。まとめると、つぎのようだ。

a　人間は死ぬと、仏の弟子になる。いや、もう仏である
b　仏の弟子なので、俗名のほかに、戒名をお寺につけてもらう
c　死んだあと、三途《さんず》の川を渡って、あの世に行く
d　戒名を記した位牌を仏壇に祀って、お祈りする
e　お盆には、死者はあの世からもどってくる　――52

死ぬと人間がどうなるのか、誰に聞いてもだいたいこう答える。

これは、仏教の見かけをしているが、実は、仏教と関係がない。

まず*a*だが、死んだら仏弟子になるわけでも、まして仏になるわけでもない。*b*の戒名は、出家者の名前である法名が変形したもの。仏典に根拠のない日本ローカルな習慣だ。これが奇妙このうえないことは、『なぜ戒名を自分でつけてもいいのか』（サンガ新書、二〇一二年）でのべておいた。*c*も俗信である。*d*の位牌は、もともと儒教・道教のもので、それが転用され、仏壇（イエ制度のアイテム）と結びついた。*e*は、起源の不明な、仏教以前の風習である。

鎌倉時代の仏教の、切羽詰まったとんがったところはどこにもない。みごとに丸くなってしまっている。死の意識がぼんやりし、自己意識もぼんやりしたということだ。

死んだらどうなる

死者は、戒名をつけられて、決まったスケジュールで死後を歩んでいく。これを「成仏する」という。死者は、怨霊にも悪霊にもならない、のである。

日本人は伝統的に死を恐れ、死を穢れだと考えてきた。そのマイナスの感情にフタをしたのが、52である。

⁘

日本人は、霊を信じているのか。

日本には、幽霊というものがある。死者は幽霊となって、死亡の現場に出没したり、関係者のもとに現れたりする。幽霊は妄念（恨み）が強すぎ、成仏できないのだとされる。読経して供養すると、スケジュール通りの死後の歩みに戻り、幽霊として迷って出てこなくなる。

幽霊になるのは例外で、ふつうは決まったスケジュールで成仏へと歩む、と考えられていることがわかる。

死後は、三回忌、七回忌、…など、一定の間隔を置いて故人をしのぶ法要（年忌法要）を営む。故人を覚える関係者が死亡するか高齢になるころに「弔《とむら》い上《あ》げ」をして、以後、年忌法要は行なわなくなる。このころまでに死者はありありとした実体を失って、祖先と融合していく。（過去帳に命日が記されている場合は、記録が残るが、直近の死者のように生々しい感覚ではない。）

⁘

念仏宗の場合、死者は極楽浄土に往生しているはずで、年忌法要を行なうのは妙だ。けれども、そうした原則論は言わない。とんがるのはやめて、丸くなったのだから。

仏教はどの宗派もだいたい、このように共通している。仏教のほかに少数、神道の人びともいる。神道は、五年祭、十年祭など時間の刻みこそ違うけれども、考え方のよく似た祖先祭祀を行なう。

⁘

日本人は、人間が死んだら、どうなると考えているのか。

人びとの最大公約数は、52のようである。これは、仏教か。仏教のように思っている人びとが多い。けれども、それはみかけにすぎない。日本の古くからの慣習が、イエ制度と寺請制度のなかに入り込み、江戸時代に定着したものだ。そのなかみは、仏教とほぼ関係がない。

年忌法要を行なうなどの習慣は、仏教と関係ない古い伝統である —— 53

江戸の儒学

江戸幕府は朱子学を奨励した。

朱子学は宋代に起こった儒学で、明代に正統とされた。孔孟以来の儒学を、朱子の解釈によって整理したものである。

武士たちは、言われる通りに、朱子学を学び始めた。

儒学の古典は、漢文(中国語)で書いてある。外国語である。外国語は、辞書や文法書を参考に、きちんと教えてもらえば、読めるようになる。武士はだんだん、儒学の古典を読めるようになった。

読み込んでみると、しっくり来ないところがある。儒学が前提とする中国社会と、日本社会とは別ものだからだ。理解に困る箇所が多く出て来た。

⁘

たとえば、忠と孝。どちらも儒学の根本的な価値である。

「忠」は、政治的リーダー（とりわけ、皇帝）に対する服従、だった。「孝」は、血縁の年長者（とりわけ、親）に対する服従、だった。中国では、忠を求められるのは、皇帝に仕える行政職員（官僚）。孝を求められるのは、血縁集団（宗族）のなかにいるすべての中国人。官僚組織と宗族とはきれいに分離しているので、忠と孝とは別々の行動原理である。

それに対して、日本社会は、中国とはまったく別の原理（イエ制度）でできていた。徳川家もイエなら大名（各藩）もイエ。家臣もそれぞれイエを営んでおり、町民も農民もイエを営んでいる。官僚組織と血縁集団が分離せず、実体として同じものである。忠と孝とが別である、という儒学の原則と合わない。そこで江戸儒学は、忠と孝とを区別するのをやめて、忠＝孝と考えることにした。これを、「忠孝一如」という。

⁘

忠孝一如は、日本の儒学に特有の考え方である。

忠と孝とが別のものなら、互いに牽制しあうので、忠が絶対化することはない。（中国では、忠より孝のほうが大事なのだった。）

忠と孝とが同じものなら、牽制は働かない。忠が絶対化する。幕末に天皇への忠誠を絶対化する「尊皇思想」が盛んになったのは、忠孝一如の論理的帰結である。朱子学を武士に教えた結果、尊皇思想が育ち、江戸幕府は尊皇思想に打倒されて滅ぶことになった。皮肉な結果と言うべきだ。

忠孝一如を唱えた江戸儒学は、
尊皇思想をうみ、幕府を倒す結果となった ―― 54

儒学と死

死についてはどうか。

儒学は、人間一人ひとりの生き死ににについて、深くは考えない。歴史書は人物について論ずるとき、どんな死を迎えたかを、記述はする。その死に方が、儒学の原則に合致しているかどうかをチェックする。死そのものよりも、儒教の原則のほうに関心がある。

江戸の儒学は、そうした原則について学び、また、祖先崇拝についても学んだ。祖先を崇拝すべきである。なるほど。イエには仏壇があって、祖先を祀っているから、これでよい。仏教のやり方だったが、それを儒学式に改めようとは思わなかった。

人間が死んだらどうなるか、儒学の古典には書いてない。孔子は、生きているとはどういうことかもわからないのに、死んだらどうなるかに関心ない、と言った。儒学は、合理的な政治学である。

儒学（朱子学）は、幕府が公認する正統な学問だった。生きている人間の政治を、担当した。死については、仏教が担当し、僧侶が葬儀を行なった。うまく棲み分けていた。

国学と死

儒学は、中国の古いテキストを読み、中国の人びとの価値観と行動様式を学ぶ。日本の人びとに、これで十分だろうか。日本の人びとは、日本の古いテキストを読むべきではないか。そこで江戸時代に、国学という運動が起こった。

⁘

日本には日本の、文学の伝統があった。万葉集以来の和歌である。王朝文学もある。どれも日本語で書かれ、後世の模範となった。人びとの価値観や行動様式に影響を与えた。儒学は、これらについて何も言わない。

こうした日本のテキストについて、儒学の方法を適用したらどうなるか。それが、国学である。契沖《けいちゅう》や賀茂真淵《かものまぶち》がそれを試みた。本居宣長がそれを徹底させた。

本居宣長が読み解いたのは、古事記である。古事記は、神々や人間の生き死にを記している。とりわけ、イザナミが死んで黄泉の国におもむき、イザナギがそれを追って、まい戻るエピソード。この世とあの世のこの対比は、宣長の興味をひき、この世界をとりまく神々の宇宙論的な配置を思いつかせた。古事記へのコメンタリーである『古事記伝』にはこの配置の図柄が付してある。

⁘

『古事記伝』をまとめた宣長の結論は、人間は死んだら黄泉の国に行く、である。そういう歌も詠んでいる。それは定めで、どうしようもない。黄泉の国は穢れている。だから死ぬことほど悲しいことはない、と。宣長は、古い時代の日本の人びとの心性を復元し、それがこの世界のありのままの姿だと言っている。

とは言え、宣長は若いころ、浄土宗を熱心に信じていた。浄土宗は、人間は死んだら極楽浄土に往生すると信じる。宣長はその後、信仰を捨てたのかどうかはっきりしない。宣長の墓は、菩提寺の墓と、山の上に自分で設計して築いた墓と、ふたつある。

ともかく、宣長の国学は、人間は死んだら黄泉の国に行く、が基本である。国学を学ぶ人びとは、これを受けて、死者の国である黄泉を、この世界の一角に位置づけた。高天ヶ原／豊葦原瑞穂《とよあしはらのみずほ》の国／黄泉の国、が世界を構成する。

⁘

儒学は、死者の行く末について無頓着である。道教は、死者の行く末は地獄であるとする。それに対して、国学は、死者の行く末は黄泉の国であるとする。国学と道教は、両立しない。国学と仏教も、両立しない。けれども、国学と儒学は、足りないところを補い合って、両立する。幕末に向けて増えていく尊皇論者は、国学と儒学の両方を学び、自分の生き死にを考えたのだった。

江戸時代の知識人は、儒学と国学を両方修め、尊皇論者となった――55

平田神道と英霊

平田篤胤《あつたね》は、本居宣長の没後の弟子である。弟子にしてくださいと手紙を書いたが、タッチの差で間に合わなかったことになっている。

平田篤胤は、才能あふれる行動的な人物で、宣長の大成した国学を継承することを意識し、多くの書物を著した。国学の標準的な解釈による神道を復古神道という。それに対して、平田篤胤の解釈による神道を、平田神道という。

⁘

平田神道で見逃せないのが、「英霊」を発明したことである。

平田篤胤は、禁書であった聖書を、こっそり読んだらしい。漢訳の聖書である。聖書には「霊」の言葉があり、教義のなかで重要な役割を果たす。人間一人ひとりに霊が働いていて、肉の罪をふりほどき、救済されれば永遠の生命を生きる。篤胤はここから、大きなヒントをえた。

篤胤は言う。人間は死んで、黄泉の国に行くのではない。目に見えないが、霊となる。とりわけ、国のために命をささげた人びとの霊は、「英霊」として、この世界にとどまり続ける。そして、この国の行く末を見守り、加護してくれる。これが変わらぬ、わが国の道であると。

国のために命をささげた人びとは、英霊となる――56

本居宣長の説くところを、明らかに書き変えてしまっている。しかもその根拠は、はっきりしない。篤胤の創作だと言ってよい。

国のために命をささげた人びとを、「国事殉難者」という。国事殉難者は、死んで英霊となるのだから、死の穢れに汚染されない。よって、堂々と英霊を祀り、拝礼することができる。

⁘

平田神道の英霊のアイデアは、幕末の官軍（西軍）、そして明治の陸軍の注目するところとなった。

戊辰戦争では戦闘が終わるたびに、死者を弔う必要が出てくる。死体は家族がそれぞれ引き取ってしまう。仏式で葬儀をあげ、戒名をつけられ位牌となって、仏壇に収まる。家族としては、当然のことをしている。これを、やめろとは言えない。

けれども、死者が英霊となるのなら、軍として、国家として、死者たちをまとめて祀ることができる。家族が葬儀をしようが、戒名をつけようが、位牌を祀ろうが、関係ない。死者が英霊になるロジックは、仏教とは独立で無関係なのだから。

そこで、官軍は、死者の英霊を呼び寄せる「招魂祭」を行ない、戦死者に哀悼の意を表した。陸軍は、招魂社を建て、国事殉難者の英霊を招来して、祀りを行なった。九段に設けられた東京招魂社が、恒久施設となり、靖国神社に衣替えしたのは、明治十年のことである。

⁘

靖国神社は、陸軍、海軍、内務省の三省が所管した。国営の施設である。「国家神道は宗教でない」、が明治政府の政策であった。宗教でないのだから、仏教だろうとキリスト教だろうと、どんな宗教をもっている国民にも、靖国神社や護国神社の拝礼を強制することができる。

靖国神社には、依代《よりしろ》となる鏡が置かれている。国事殉難者の英霊がそこに招かれ、合祀されている。合祀とは、同じ依代に一緒に宿ることで、一緒だからといって合体してしまうわけではない。個人の霊は、個人の霊。キリスト教と同じように、ひとりにひとつの霊である。とても個人主義的で、近代的な考え方である。

⁘

靖国神社に祀られているのは、幕末以降の死者たち。ごく最近の人間である。最近の人間（一般国民）でも、一定の条件を満たせば、「神」になる。伝統的な神道から逸脱している、とても新しい考え方だ。

西南戦争、日清戦争、日露戦争、…と戦争が繰り返されるたび、大量の戦死者がうまれて英霊となった。彼らは、靖国神社に合祀された。大東亜戦争では何百万人もの戦死者が出て、靖国の英霊はほとんど彼らで占められている。そのため、靖国神社は、「戦争の神社」だという気がする。外国のメディアは、「ウォー・シュライン War shrine」といっている。

だが、もとをただせば、靖国神社は戦争神社でない。幕末維新の争乱で命を落とした草莽《そうもう》の志士たちを祀る、「革命記念神社」である。人数から言えば戦死者が多くなったとは言え、そのもともとの性格を忘れてはならない。

⁘

平田篤胤は、人間は死んだらどうなるかについて、新しいアイデアを唱えた。それは、復古神道のなかに足場を持たなかったが、陸軍、政府の認めるところとなり、国家神道の根幹となった。

　こうして、人間の死をめぐって、伝統的な仏教の見解と、政府の見解とが、二重に主張されることになった。そして、人びとは、これを当たり前のこととして受け入れた。「おかしいではないか」と、声をあげるひとはいなかったのである。


国家神道のもと、人間は、伝統的な仏教の死と国家神道の死を、二重に死ぬ――57

現人神と大義

　江戸時代に比べれば、明治日本は近代国家である。国民がいて、政府を支えている。明治維新は、国民(ネイション)をつくり出す、ナショナリズムであった。

　近代国家には、警察があり、軍隊がある。紛争は自力救済してはならず、司法に訴えなければならない。法があり、裁判所がある。政府がある。集権的な行政機構がある。契約が保護され、私権が守られる。教育と、納税と、兵役の義務がある。国民は、国家があることから利益をえるが、国家を支えるコストも負担する。

明治維新は天皇を戴くことで、成功できた。明治政府は天皇を戴くことで、統治を正統化できた。政府は天皇を、神話的古代から系譜を継承している特別な存在であると印象づけた。天皇は「現人神《あらひとがみ》」だとした。

⁘

この天皇に対する国民の義務を、「大義」という。軍人勅諭、教育勅語はそれぞれ、天皇と国民との特別な結びつきを強調する。それらは、帝国憲法に先立ち、あるいは帝国憲法と独立に、神聖な任務を課す。帝国憲法は、国民（帝国憲法の用語では、臣民）に義務を課す。たとえば、兵役の義務。その義務は、憲法ならびに法律の定める義務であるが、憲法や法律がなかろうと、国民には兵役の義務があると考えるのだ。

⁘

兵士は戦場で、命を危険にさらす。犠牲になることもある。国を守るため、天皇の意思に応えて、危険な任務に従事し、命を落したとする。その兵士は、英霊となって、靖国神社の神となる。あとに残る国民によって覚えられ、祀られ、拝まれる。「悠久の大義に生きる」とは、こういうことだ。

大義は、命を失う可能性である。自分の命を、自分の命より価値あるもののためにささげる。自分の命は、英霊にかたちを変えて、永続する。英霊はほんとうに実在するのだろうか。それはわからない。けれども、人びとが「英霊がある」と考えているなら、英霊はある。英霊があるのなら、「悠久の大義に生きる」ことは、意味ある行ないである。

天皇のため命をささげ悠久の大義に生きることは、意味ある行ないになりうる――*58*

脳死と死

明治日本に入ってきたのは、西洋医学であった。

病理学、生理学、解剖学。西洋医学は、人体を物的なシステムと考える、一神教の視線を背景にしている。神経系、循環器系、呼吸器系、…。系とはシステムのこと。それらの全体として、人体が再構成される。また公衆衛生学は、人びとの健康を集団として把握する。また遺伝学や優生学は、個体の繁殖をめぐって科学的な考察と評価を行なう。また進化論は、人類をさまざまな種や自然環境と連続的に把握する。人間の存在が、物的なメカニズムである自然の上に基礎づけられる。

それまでの、中国の古典にもとづく漢方医学や本草学は、脇に押しやられる。

人間の生き死にに関してはどうか。

受精や受胎のメカニズムが検証された。堕胎による介入も可能になった。

死については、医師が死亡診断をすることになった。呼吸停止、心停止に加え、瞳孔散大を加える三徴候説が標準となっていった。

❖

人工呼吸器が使用されるようになると、脳死の患者が報告されはじめた。呼吸停止は死の要件に適さなくなった。

脳死は、人の死か。

精神活動と個性の場である脳が、機能を停止して回復不可能であれば、その人は死んだのではないか。よって、心臓などの臓器を摘出して移植してもよいではないか。

脳死を判断するのは、本人ではありえない。治療にあたる医師である。医師の判定が恣《し》意《い》的にならないように、規準が必要である。

西欧諸国では、移植を進める前提で、そうした規準をつくった。本人が生前、その意思を示すことを基本とし、医師が、移植の前にその規準を満たすことを確認する。この場合に、脳死は人の死となる。個人の身体は、神がその人に与えたもので、その個人の支配下にある。本人が臓器提供を意思すれば、ほかの人間は、家族といえども、そこに介入することはできない、という考え方でものごとが進んでいる。

日本の「臓器の移植に関する法律」（臓器移植法）は、一九九七年に成立した。途中改正されて、現在にいたる。この法律の特徴は、

1　本人が提供の意思を書面で表示し、かつ、遺族が拒まない（または遺族がいない）場合に、移植できる

2　本人の意思表示がなくても、遺族が臓器提供の意思を書面で同意すれば、移植できる

と定めていることだ。本人の意思に対して、家族が拒否権をもっている。つまり、本人の意思は絶対でない。また、本人が意思しなくても、家族が同意すれば移植ができることになっている。本人の身体（遺体）の処分に、家族の意思が及ぶのである。

⁂

終末医療で、延命措置を継続するかどうか。

西欧諸国では、本人の意思をまず確認する。終末期にはしばしば、本人の意思の確認が困難である。医師はなるべく早い段階で、本人の意思を確認しておかなければならない。これが原則で、家族の意見はほとんど出る幕がない。

日本の場合は、本人の意思を最優先するという原則が、あいまいだ。看護や介護を続け

てきた家族の、発言力が大きい。本人がいつどのように死ぬのかを、家族が左右してもおかしくない。「関係者が相談して決める」という、日本社会のよくある原則である。

死は行為なのか

社会は個人の集まりである。個人は、自分の行為に責任を負う。この原理のうえに、道徳も法律も成り立っている。

死ぬのは個人である。だがそれは、行為なのか。

⁘

人間は、意図して死ぬわけではない。死にたくないと思っても、死ぬときは死んでしまう。死にたいと思っても、そう簡単には死ねない。死ぬとは、身体が死ぬことである。身体は、必ずしも思い通りにならない。自然の一部だから。

意図して死ぬわけではないなら、死は、自然の出来事である。

死ぬ本人は、それに立ち会い、それを引き受け、そして死と共に存在するのをやめる。

死に関与したければ、死ぬ前に、周囲の誰かにはっきり意思を示しておかなければならない。その意思どおりにことを進めるのは、死ぬ本人ではなく、ほかの誰かだ。そのことの進め方が、本人の意思どおりである保証は、どこにもない。

死は、このように、本人の行為をはみ出している。本人の行為とは言えない。

死は、本人の行為をはみ出す、自然の出来事である —— 59

死が本人の行為ではないなら、本人は責任を負うことができない。本人は存在しなくなるのだから、責任を追及する方法もない。

しかし死はまず、本人のものである。ほかの誰かが死ぬわけではないのだから。

死が、本人の行為の枠には収まらない出来事だとしても、それは、さざ波のように、さまざまな影響を拡げていく。その影響としてどういう出来事が起こるであろうかを、予測もできる。これらについて思いめぐらすことも、本人が自分の死を受け取めるということである。

⁘

死を考えること

死という出来事の全体は、死がまさに起こるその最中には、見通せない。死が起こるそのだいぶ手前で、想像と思考のなかで、その出来事の拡がりを考えるときに摑まれる。それはいつかと言えば、まだ当分死ぬ予定がなくてぴんぴんしているとき。つまり、今である。

⁘

本書は、ここまで、一神教やインドの宗教、中国の宗教、日本の伝統的な考え方を紹介して、自分の死を考える材料をみてきた。

これらを材料にして、では、どう具体的に、自分の死を考えていくか。

それを、最後に、課題としよう。

6章・死んだらどうなるか、自分で考える

世界にはさまざまな人びとがいる。

さまざまな人びとは、死んだらどうなるか、さまざまに考えている。

ここまで、それをみてきた。

で、どうする。

「そんなことを考えているひとがいるんだ」、で終わらせてはもったいない。それを踏まえて、自分なりに考えてみよう。

⁘

自分なりに考える。それは、自分なりに生きることである。

人間は、死ぬと知っていて、生きている。それが人間の誇りだった。だから、どう死ぬ（と決める）かは、どう生きる（と決める）かと、結びついている。

では、どう決めればよいのだろう。

どれかひとつか、どれでもか

誰でも死ぬのは、一度だけ。ぶっつけ本番だ。繰り返しもやり直しもできない。

それなのに、死んだらどうなるかの考え方は、いくつもある。

どれかひとつを、自分の考えにしたほうがいいのだろうか。

あれもよい、これもよい、といくつかの考えで迷うかもしれない。「食べあわせ」のように組み合わせがよくない考え方は、どちらかにしないといけない。

⁘

そこで、つぎのように話を進めたい。
まず、どれかひとつに決めるなら、どれにするかを考えてみよう。
つぎに、いくつかを組み合わせるケースを、考えてみる。組み合わせはいろいろあるから、代表的なものを取り上げる。

⁘

第1章で紹介した、伊佐敷氏の整理によると、死んだらどうなるのかの考え方は、つぎの6つだった。それぞれ、どれかの宗教（や科学）の考え方になっている。

1 他の人間や動物に生まれ変わる　→インドの宗教（輪廻）
2 別の世界で永遠に生き続ける　→一神教
3 すぐそばで子孫を見守る　→日本の宗教
4 子孫の命の中に生き続ける　→儒教・道教？
5 自然の中に還る　→ユニタリアン
6 完全に消滅する　→自然科学、唯物論

では、順番にみて行こう。

1．どれかひとつの考え方を選ぶ

完全に消滅する

まず221ページの、*6*「完全に消滅する」から考えてみる。

人間が死ぬと、身体がこわれて、きれいさっぱり存在しなくなる。あとに霊魂が残ったりしない。

この考え方には、無理がない。すっきりしている。霊魂とか、あの世とか、考えなくてよい。*1*〜*5*は、なにかを信じないといけない。*6*は、なにも信じなくてよいのだ。

⁘

人間が死ぬと存在しなくなる。ならば、自分が死ぬと存在しなくなる。よろしい。

そして、この考え方には実は、ふた通りあると思う。

6－*a*　自分が死ぬと存在しなくなる
でも、この世界や周囲の人びとは存在する

6-b 自分が死ぬと存在しなくなる この世界や周囲の人びとも存在しなくなる

違いがわかるかな。6-aは、死んでいなくなるのは自分だけ。それに対して、6-bは、死んで自分がいなくなると、家族や友人や、この世の中も一緒に消えてなくなるというのだ。

奇妙な言い分のようだが、6-bのほうが、首尾一貫しているとも言える。

⁘

「自分が存在しなくなる」とはどういうことか、試しに、目をつぶってみて。目をつぶると、家族や友人はいなくなる（ような気がする）。でも、「このわたし」がいる。さて「このわたし」もいなくなれば、家族や友人やこの世の中が、存在するのかもう確かめようがない。死ぬと、まさにそうなる。それこそ「この世界や周囲の人びとも存在しなくなる」ではないか。

なぜ6-bのほうが、首尾一貫しているのか。

ニヒリスト

それは、存在を保証しているのが、「このわたし」だからである。

たとえば、自分の誕生を考えてみよう。「このわたし」が生まれた。生まれたあと、家族も、この世の中も、確かに存在している。では、生まれる前は？　生まれてから、家族も、この世の中も、存在していたのだよと言われた。でも「このわたし」は、そうかなあと思う。なんにも知りえない暗黒があるだけだ。

死と誕生は、よく似ている。死ねば、暗黒にのみ込まれるのだと思う。「いや、あんたが死んでも、ほかのみんなはみな生きているよ。」そう思っていれば。「このわたし」が死ねば、なにもかも暗黒にのみ込まれてしまって、二度と明かりが射すことはないのだから。

まとめると、こうなる。

暗黒　⇩　自分の誕生　……　自分の死　⇩　暗黒

自分が死ねば、すべてが存在しなくなる。こう考えるのが、「ニヒリスト」である。

常識的な無神論

これと、6-aはどう違ったか。

6-aは、「このわたし」が死んだあとも、家族やこの世の中は存在している。暗黒にはならない、と考える。

「家族やこの世の中は存在している」は、死んだあとの「このわたし」には、確かめようがない。だから、「家族やこの世の中は存在している」は、根拠のない信念（信仰）である。

こういう信念（信仰）をもっている人びとが多い。「常識的な無神論」者、である。

常識的な無神論者は、
自分が死んでも、家族や世の中は存在する、と思う ―― 60

ここで「無神論」とは、家族や世の中は存在するが、神が存在するとまでは思わない、ことである。

神を信じないとしても、「家族や世の中は存在する」と思っている。これも立派な「信仰」である。

ニヒリストとエゴイスト

ニヒリストは、自分が死ねばすべてが暗黒にのみ込まれてしまう、と思っている。こう考えて生きている。「家族や世の中」は、自分のために（だけ）存在している。

ニヒリストは、自分以外の人びとに、関心がない。どうでもよいと思っている。

ニヒリストは独我論者だ。本当に存在するのは自分だけで、他者は実は存在しない、と思っているからである。

ニヒリストは、外見からわかるとは限らない。道で会えば「こんにちは」と挨拶する。社会のきまりも守る。職場ではたらき、家族と暮らす。でもほんとうは、自分ひとりのために生きている。社会の中に、何人ぐらいニヒリストが混じっているか、わからない。

⁘

エゴイストは、ニヒリストとまぎらわしい。

エゴイストは、自分さえよければよいという行動をするので、すぐわかる。社会のきまりを守らない。周囲の人びとと争う。自分勝手である。

ニヒリストは、周囲の人びとと争わない。周囲の人びとは、ほんとうは存在しないのだから、争うだけ無駄だと思っている。


エゴイストは、周囲の人びとよりも自分を優先する ―― *61*

ニヒリストは、周囲の人びとに関心がない ―― *62*

社会で、人びとは、言葉を使って交流している。

社会は、誰かが死んでも、残った人びとがその穴を埋め、交流を続ける仕組みである。ならば当然、この自分が死んでも、周囲の人びとがその穴を埋め、交流を続けていくわけである。言葉には、人びとがそうして受け継ぐ価値や意味が、たたえられている。

ニヒリズムは、首尾一貫している。でもおかしい。どこがおかしいか。言葉の価値や意味を受け止めることができない点である。

常識的な無神論者は、自分が死んでも、家族や友人は生き続けて、言葉の意味や価値を支えていく、と考える。ニヒリストに言わせると、そんな常識には根拠がない。

しかし、常識には根拠がある。ニヒリストは、誰から言葉を習ったのか。ニヒリストが生まれたとき、言葉はもう意味や価値があったではないか。それが根拠だ。

社会の言葉を信じる

常識的な無神論者として生きていくとは、どういうことか考えてみよう。

常識的な無神論者は、目に見えるものを信じ、家族や友人を信じる。言葉を信じ、言葉の伝える意味や価値を信じる。社会の多くの人びとが自然にやっていることだ。

常識的な無神論者は、そこで、自分ひとりの経験を超えたものを信じる。家族や友人の経験を信じる。言い伝えや、ひとから聞いた知識を信じる。

常識的な無神論者は、
言葉の連鎖である、伝聞や伝承を信じる —— *63*

⁘

古代の常識的な人びとは、伝承を信じ、神話を信じた。神話は確かめられない。

近代の常識的な人びとは、科学を信じる。科学は、経験（実験と観察）によって、世界をながめる。科学を信じる人びとは、神話を信じることができない。

近代の常識的な無神論者は、科学を信じる。そこで、どのようにそれ以外のものごとを考えるだろう。

あいまいな空白

常識的な無神論者は、常識がある。根拠も理由もないことを信じない。

科学は、信じる、根拠も理由もあるからだ。科学は、言葉の連鎖（共有知）である。この世界についての、信頼できる像を与える。

⁘

科学には、得意なことと、不得意なことがある。

科学が得意なこと。法則を発見する。この世界には、似たようなことが繰り返し起こっている。そこに注目し、繰り返しのなかから、普遍的な法則を発見する。

科学が不得意なこと。一回だけしか起こらない個別の出来事は、法則では説明し切れない。たとえば、サイコロでつぎに出る目はなにか。何回もサイコロをふれば、そこに確率の法則があると言えるかもしれない。けれども、つぎの一回については、「偶然」としか言えない。偶然とは、その出来事をうまく説明できない、という意味である。

⁘

自分がここに存在する。生きている。個別の出来事だ。

自分がここに存在するのは、父と母とが出会ったからか。では、父と母はなぜ存在するか。どこまで行ってもきりがない。要するにこの世界は、個別の世界だ。ひとことで言えば、偶然である。

科学を信じる常識的な無神論者は、こう結論する。自分がこの世界に生きているのは、偶然である。科学で説明できない。

常識的な無神論者は、結論する、自分がこの世界にいるのは、偶然だ——*64*

哲学者のサルトルも、似たようなことを考え、「被投性」（自分はサイコロのようにこの世界に投げ出された）とのべた。（実は、ハイデガーの方が先に考えたのを、ちゃっかり拝借した。）

⁘

科学は、合理主義である。合理主義は理性を用いて、世界を合理的にとらえ尽くそうとする。でもその結果、かえって、合理性の届かない偶然が、世界のなかにぽっかり空白として姿を表す。

合理主義者は思う、世界には偶然という穴が空いている——*65*

自分がここにいるのはなぜか。偶然が、自分をうみだした。偶然は、合理的に説明できない。合理主義者は、皮肉なことに、世界は不合理であることを思い知る。

自分を生み出した、このあいまいな空白。この空白を乗り越え、逆転するやり方はないものか。（ここらあたりからだんだん、伊佐敷氏の2の考え方に移っていく。）

合理主義と一神教

一神教を信じる人びとは、キリスト教、イスラム教などをあわせて世界におよそ四〇億人もいる。科学を信じる無神論者よりも、科学を信じる一神教徒のほうが多い。科学者で、神を信じる人びとも、大勢いる。彼らの頭のなかはどうなっているのか。

そこで、常識的な合理主義者のAさんが、一神教に回心(コンバート)したと考えてみよう。すると、一神教の世界の「科学者で、神を信じる」ひとと、だいたい同じようなことになる。

∴

Aさんは常識があるので、家族や友人を大事にし、社会のルールを守っている。合理主義者なので、根拠も理由もないことは信じない。科学を信じている。信仰を特にもっていない。まあ、無神論者だった。

Aさんは、自分が死んだらどうなるか、考えてみた。Aさんは常識があるので、ニヒリストではない。自分が死んでも、家族やこの世の中は、存在し続けるだろう。そこで、残される人びとのための、準備を始めた。

Aさんは、そもそも自分はなぜ存在するのか、考えてみた。考えて、考え抜いてみた。そして、合理的には考え切れないことがわかった。どう世界のありさまを思い描いても、偶然という穴が空いてしまう。すると、自分が存在することも、偶然になってしまう。

合理主義者のAさんは、自分の存在が、ただの偶然だと考えるのは辛いことだ。自分が存在する意味や価値があやふやになる。倫理や道徳の基礎が掘り崩されてしまう。

⁘

そこでAさんは考える。かりに神が世界を造ったのだとすれば、偶然はすべて必然（神の意思）になるのではないか。世界のあり方が必然なら、自分の信念の通りに生きて行ける。

創造は偶然でない

一神教は、世界を神が「創造」したと説くのだった。ユダヤ教もキリスト教もイスラム教も。

神は世界を、創造しても創造しなくてもよかった。でも創造した。神の意思である。世界がこのようであるのは、神の意思である。ならば、偶然ではない。

この感覚が、肌で理解できるだろうか。

⁘

神が世界を創造したのなら、この世界から、偶然は消えてなくなる。大逆転のオセロゲームのように、偶然は残らず裏返って、必然（神の意思）になる。

> **神が世界を創造したのなら、この世界に偶然は存在しない ―― *66***
>
> この世界が神の意思によっていることを、奇蹟という。偶然でないなら、奇蹟である。奇蹟は不合理ではない。むしろ、合理的な精神は、奇蹟の考え方を必要とする。

神のわざ／人のわざ

神が世界を創造したのなら、世界は神のわざである。山があるのも、海があるのも、植物や動物があるのも、天体があるのも、みな神のわざである。

「神が創造したそのまま」を、自然という。自然は、神の計画どおりに、自然法則に従って運行する。自然法則を発見する科学は、神のわざを明らかにしているのだ。

神のわざは、自然法則のようにしばしば機械的であるが、神の意思。偶然ではない。

人のわざは、人間の意思にもとづく。人はしばしば神に背く。これを、罪という。

⁘

この世界は、神のわざと人のわざで、埋めつくされている。どちらも、偶然ではない。意思なのだから。

世界に、創造の神がつけ加わることによって、世界は偶然ではなくなった。

創造と合理主義

合理主義者のAさんが、神を信じることは不合理なのか。

いや。神を信じることは、合理主義のもう一歩進んだかたちになっている。

∴

合理主義は、科学を生み出す。そして、合理主義のもとは、神学（信仰）だった。つまり、キリスト教世界では、

神を信じる　⇩　神学　⇩　合理主義　⇩　科学

の順番だった。

そのうち、「神を信じる　⇩　神学」の部分がどうでもよいことになり、世の中が世俗化し、合理主義と科学だけになったのだ。

∴

世俗化した近代社会では、誰もが、

合理主義⇩科学

を信じている。これで、民主主義も、議会政治も、市場経済も、学校教育も、…回っていく。

それでよいのだが、この世界と自分の存在を、徹底して理解しようとすると、偶然の空白がぽっかりと空いていることに気がつく。世界を合理的に説明しようとしても完全でない。合理主義の危機である。

だから合理主義者の「神を信じる」は、科学をはじめとする合理主義を補完し、「偶然の空白」をぴったり埋めるような「神を信じる」である。

⁘

合理主義者のAさんが神を信じると、どんな感じになるか。

自分がここにいることは、神の意思。神の奇蹟。すなわち、神の恵みである。神が、Aさんは存在すべきだと考え、存在させた。自分の存在は、神によって肯定されている。自分は神に愛されている。

自分のために、周囲の人びとを配置してくれているのも、神である。食糧や、住居や、…を整えてくれているのも、神である。カーテンを開くとくちなしの花が香るのも、困っているとちょうど友人が金を貸してくれたのも、神の配慮（アレンジメント）だ。

この世で偶然とみえるものを、すべて神が、整えている。だから神に感謝しよう。そう思いつつ一刻一刻を過ごすのが、「神を信じる」ということだ。

神の試練

さて、すべての出来事が神の意思だとすると、理解に苦しむことも起こる。自分の大事な家族が、事故で命を奪われた。真面目に働いているのに、まったく報われない。……。神を信じていなければ、偶然と考えればすむ。神を信じていると、神はなにを考えているのか、深刻に悩むことになる。

悩んだ結果、こう考える。神は、人間の都合で行動しない。神がなにを考えているか、人間には理解できない。神には、神の計画がある。人間に理解できなくても、やがて神の思い通りの世界が実現する。だから、人間は忍耐しなければならない。試練だ。試練を受け止めることができるか、神は視ているのだ。

⁘

合理主義者が、神を信じるようになって、なにが変わるのか。

目立って変わりはしない。日常はいままで通りだ。

でも、満足がある。偶然にわずらわされず、理性を貫けるから。自分の考えや行動を検証できるから。世界をそのまま引き受けることができるから。
世界は、こうあるように起きている。それを偶然とみるか、必然とみるか。ささやかだが、大きな違いだ。偶然とは、自分と関係ないこと。必然とは、自分と関係がおおありなこと。だから生き方が違ってくる。

合理主義の一神教

このように、合理主義は、一神教と折り合いがよい。
ただ、問題は、一神教には、ユダヤ教→キリスト教→イスラム教、のひとつの系統しかないことだ。ユダヤ教にもキリスト教にもイスラム教にも、かっちりした教義がある。それを受け入れないと、信じたことにならない。ゼロから信仰を始めようとすると、敷居が高い。

⁘

そこで、ユダヤ教、キリスト教、イスラム教を足して3で割ったような、一神教を考えてみよう。こんな具合だ。

a 神が、世界を創造し、人間を造った

b　神は、預言者を選んで、神の言葉を伝えた
c　預言者の伝える言葉が、聖典にまとまった
d　聖典は、神と人間との契約（約束）で、守らねばならない
e　神はやがて、正義を実現する　――*67*

これだけを信じればいいのなら、だいぶ楽だ。

合理主義のキリスト教

イエス・キリストのファンのひとは、*67*をこう変えればいい。

a　神が、世界を創造し、人間を造った
b　神は、人間を救うために、イエス・キリストをつかわした
c　イエス・キリストの伝える神の言葉をまとめたものが、福音である
d　福音は、新しい契約（約束）で、イエスに従うのが正しい
e　イエスはやがて、正義を実現し、人間の罪を赦す　――*68*

ふつうのキリスト教を、シンプルにしたヴァージョンだ。

合理主義のユニタリアン

合理主義的に、もっとシンプルにして、キリスト教かどうかわからなくなった、ユリタリアンというのもある。

ユニタリアンは、イエス・キリストを、神の子だと考えない。立派な人間(先生)、と考える。フランスの啓蒙思想や、フリーメイソンの考え方に近い。

ユニタリアンの考え方を、まとめるとこうだ。

⁘

a なにか偉大な存在が、世界を創造し、人間を造った
b 預言者は、よいことを言っている
c イエスは、よいことを言っている
d 人びとは、どんな信仰をもつのも自由である
e 人びとの信仰を縛る、どんな教義もなくてよい ——69

ユニタリアンは、ものわかりよく自然科学を認めた。ハーバード大学も二〇〇年ほど前に、ユニタリアンに看板をかけ替えた。

ユニタリアン・対・福音派

アメリカには、さまざまなキリスト教がある。

ユニタリアンは、リベラルだ。キリスト教から半分、はみ出している。

ラルフ・エマーソンは、ユニタリアンに縁が深い。牧師をやめて、詩人になった。自然の至るところに神が宿っている、とする。汎神論《はんしんろん》に近い。

しばらく前、「千の風になって」という歌があった。私は死んだら、千の風になって、自然のなかにいます。エマーソンの詩に通じるところがある。

⁘

ユニタリアンは、イエス・キリストを神（の子）だと認めない。こんなキリスト教があっていいのか。けしからん、と意気まいて、キリスト教の原則にことさらこだわることにしたのが、福音派である。ユニタリアンがリベラルなのに対して、保守派である。トランプ大統領を支持している。リベラル／中道／福音派、といろいろあるのが、アメリカのキリスト教だ。

汎神論

汎神論は、自然の至るところに神がいる、という考えだ。

一神教と、似ている。一神教は、自然は神の造ったもので、神の意思のあらわれだ、と考えるから。

でも汎神論は一神教と、大事なところが違っている。汎神論によると、自然の外に神はいない。誰もいない。自然そのものが、神々である。合理主義ではなくて、神秘主義である。


汎神論は、自然の至るところに、神がいると考える──*70*

❖

「自然そのものが、神々である」なら、神道と似ていないか。

まあ、似ている。でも、一神教がかたちを変えた汎神論には、「悪い神」という考え方がない。神はよいもので、それがばらばらになって、自然のなかに潜んでいる。

いっぽう神道には、「よい神／悪い神」という考え方がある。神は、祟ったり、穢れたりする。よい神と悪い神が争うから、この世界は合理的に理解しにくい。

仏教と儒教のバトル

神道は、どういう考えだろうか。

⁘

もともと日本で、人びとは、カミを信じていた。

いまある神道は、それからだいぶ変わっている。仏教や儒教の影響を受けている。

どんなふうに変わったのか。

⁘

仏教は、徹底した合理主義である。死者の世界や霊魂を考えない。神秘主義の神道と、反りが合わない。

神道はそのうち、仏教の真似を始めた。建物もお寺風になった。お経のような書物もつくった。インドの仏と日本のカミは同じもの、という話になった。いつのまにか、仏教と神道は貼りついてしまって、ハイブリッド（二人三脚）になった。

⁘

江戸時代に、儒学（朱子学）が力をもった。儒学も、徹底した合理主義である。立派な政治をすることが大事で、それ以外に関心をもたない。

儒学で、日本の歴史をみると、どう見えるか。中国には、皇帝がいて政治を行なう。立派だ。でもときどき、交替する。日本には、天皇がいて政治を行なう。そして、交替しない。もっと立派だ。日本は中国より、優れていることになった。

なぜ天皇は立派なのか。神々の子孫だからだ。古事記や日本書紀に書いてある。なるほど。でも、神道と仏教はハイブリッドで、日本のカミはインドの仏だと言ってますよ。なに、けしからん。天皇は、神道の元締めだ。以後、仏教とは関係ないことにする。

国学と復古神道

儒学は、仏教を目の敵にした。神道を、儒学に取り込もうとした。

そこで活躍したのが、国学である。

国学は、古事記・日本書紀や万葉集、源氏物語を読み、日本の伝統を研究する。そして神道は、仏教と無関係に、大昔からありました、と結論する。神道を本来の姿に戻そう。これを、復古神道という。

復古神道は、ピュアな神道。日本人なら天皇に従うべき、という尊皇思想の根拠になった。そして、明治維新を導いた。

明治政府は、神道は仏教と無関係だと強調した。神社を神社らしい雰囲気にし、玉砂利をまいたりした。いま私たちが知っている神道は、こうしてできあがったものである。

そんな神道の考え方を、復古神道をもとに、まとめるとこうだ。

> *a* 世界は、神々のわざ（むすび）によって、生まれた
> *b* よい神／悪い神が、よい出来事／悪い出来事を起こしている
> *c* よい神々を祀り、平和に暮らすのがよい
> *d* 神々のことは、古事記・日本書紀に書いてある
> *e* 人間が死ぬと、黄泉の国に行く　（*e* 人間が死ぬと、（英）霊になる）——*71*

いまの神道

さて、学校教育を受け、科学を信じる人びとが、こうした神道を信じるのは可能か。可能である。

実際、戦前は修身や歴史の時間に、神道を生徒に教えた。日本人は全員、国家神道を信じることになっていた。

神道と仏教

人間が死んだらどうなるか。神道なら、71のように考える。

死んだら、黄泉の国にいく。古事記・日本書紀に書いてある。

死んだら、英霊となって戻ってくる、と考えることもできる。平田篤胤が言い出して、明治政府が採用した。この考えにもとづいて、靖国神社もできた。

ただ、どちらにしても、仏教とは関係ない。

⁘

でも、これは、政府の考え方だ。

政府は、英霊を祀り、靖国神社で儀式を行なう。

家族は、仏教式の葬儀を行ない、戒名をつけ、法事を行なう。

家族と政府は、ばらばらでかまわない。なんだか不思議だが、戦前、日本人はこう考えることになっていた。

念仏と死

科学を信じて、極楽への往生を願うことは可能か。

可能である。

念仏宗のエッセンスは、つぎのようだ。

⁘

a　極楽浄土に阿弥陀仏がいて、みなを招いている
b　阿弥陀仏は願を立てたので、それを信じれば往生できる
c　極楽に往生したあとは、必ず成仏する
d　成仏する前に極楽から戻り、衆生に奉仕することもできる　―― *72*

簡単に言うと、死ねば極楽に往生する、である。

⁘

合理主義者が、念仏者となり、極楽往生を信じたとする。*72*の*a*〜*d*は、極楽での出来事なので、この世界とは関係ない。この世界では、社会のルールに従って、生きていけばそれでよい。

ではどうすれば、極楽に往生できるか。念仏が大切だ。いや、信仰が大切だ。いや、阿弥陀仏に任せるのが大切だ。いろいろな理論がある。いずれにせよ、極楽に往生すると思って、この世界を生きる。これが、念仏者となった合理主義者の日常だ。

では、死んだらどうなるか。死んだら極楽に往生するに決まっている、と考える。往生したあと、やりたいことがいっぱいある。いまから楽しみである。

自分は往生するからいいとして、ほかの人びとは死ぬとどうなるか。

往生しない人びとは、輪廻を繰り返す。仏になれない。気の毒である。

そういう人びとのためにも、自分は極楽に往生する。人びとを助けに、極楽から戻ってくる。いろいろできることがある。

そういう固い信念をもって、この世界を、覚悟をもって生きて行けるのだ。

⁘

禅と死

合理主義者は、禅にコミットできるか。

禅にコミットできる。

誰でもいつでも坐禅はできる。坐禅をしている限り、仏（ブッダ）である。これが、禅の基本だ。好きなだけ、坐禅をすればよい。

常識ある合理主義者は、市民として健全な社会生活を送っている。そして時々、禅の修行者となる。なんの問題もない。禅宗は、まったく合理的で、人びとの常識と相反するようなところはひとつもないからだ。

禅のエッセンスは、こうである。

∴

a ゴータマ（釈尊）は、坐禅して仏（ブッダ）になった

b その坐禅のやり方が、中国に伝わった

c そのやり方で坐禅すれば、仏（ブッダ）である

d 経典や論書は参考になるが、とらわれなくてよい ——73

禅にもいろいろある。ここでは、初期の禅の考えをまとめた。

∴

禅にコミットしたら、死をどう考えればよいのか。

坐禅をすれば、仏である。仏は、生死を超越している。坐禅をやめると、もとの人間にもどる。もどるが、坐禅したときの感覚を覚えている。また仏になりたければ、また坐禅すればよい。文字通りの坐禅でなくても、なにかに集中すればよい。人間が、生死を超越できることを知って、日常を生きる。死を恐れる必要はない。

人間は誰でも、坐禅ができる。誰でも、生死を超越できる、という意味である。生死を超越できると知って、生きる。生死を超越するから、輪廻は関係ない。よりよく生き、納得して死を迎えるだろう。

法華経とは

それでは、合理主義者が、法華経にコミットした場合はどうだろう。

法華経にコミットするひとは、法華経が最高の経典だと言う。法華経だけに、釈尊の真意が書いてあるからだ。法華経に書いてあることは、科学と矛盾しない。だから両方、信じることができる。

⁘

法華宗のいうところをまとめると、こうである。

a 釈尊はほんとうは、永遠の昔に覚った、久遠実成仏である

b 久遠実成仏は、長いあいだに、大勢の菩薩を導いた

c これら菩薩は輪廻を繰り返し、やがて覚って、仏（ブッダ）となる

d これら菩薩が菩薩行を続けていることと自体に、価値がある

> *e* 以上の重要な教えは、法華経だけに書いてある ―― 74
>
> 法華経にはまた、人びとが法華経を、非難攻撃するだろうとも書いてある。法華経を非難すると、法華経が正しいことの証明になってしまう。
>
> このうち*d*が、特に法華経ならではの主張である。

・

法華経と死

さて、法華経にコミットする合理主義者は、死をどう考えるのか。

法華経の教えのポイントは、永遠の釈尊が、輪廻を繰り返す人間たちを導いていることである。この世界も、菩薩としての修行である。来世も、菩薩としての修行に価値がある。ならば、死は単なる通過点。永遠の釈尊の導きに、安心して任せればよい。ならば死を、恐れることはない。

⁘

輪廻を繰り返して菩薩行を続けるとは、どういうことか。

人びとは、民族や歴史や文化や職業の枠で仕切られ、グローバル世界のなかで分断されている。同じ人間だと実感しにくい。でも永遠の釈尊は、人類の全員を導いている。白人が黒人に生まれたり、インド人が中国人に生まれたりするのが、輪廻である。どんな人種の、どんな文化の人びとの悩みや苦しみや喜びも、あなたの悩みや苦しみや喜びですよ、という意味になる。（哲学者ロールズの、「無知のヴェール」という考え方と、ちょっと似ている。）

天台宗や密教や…

日本で盛んな仏教は、念仏宗（浄土宗と浄土真宗）、禅宗、法華宗（日蓮宗）の三つである。ほかにも、密教（真言宗）や天台宗や、華厳宗や法相宗や、…がある。そうした宗派の考え方にコミットしたらどうなるか、ここまでを参考に、考えてみて下さい。

・

2. 考え方の違いを楽しむ

さて、こんなにいろいろ、考え方があった。

そのうちひとつを、自分の考え方にして、生きてみる。実際に行動してみる。すると、考えがより深まるだろう。

でもその、「ひとつ」の考え方を、どうやってみつければいいだろう。

宗教を選択する

社会を生きる人びとは、科学を信じ、社会のルールを守る。合理的に生きている。その一人ひとりが、自分の死を考える。それまで宗教には縁がなかった。でもどれかにコミットする。そこではじめて見えてくるものがある。

それは、選択だ。

選択だから、ひとによって異なる。イスラム教に魅力を感じるひともいる。禅がしっくり来るひともいる。神道がよいと思うひともいる。……。結果、人びとは異なる宗教の、異なる考え方をするようになる。

日本国憲法は、「信教の自由」をうたっている。宗教は、個々人が自由に選択してよいということだ。その結果、さまざまな信仰をもった人びとの寄せ集めになる。その状態を尊重するのが、日本国憲法の考え方だ。

誰もが自分の自由な選択ができる。そのこと（寛容）が、自分の選択を支える。このことをまず、しっかり心に刻もう。

・

横並びなのか

この本では、さまざまな宗教をとりあげてきた。一神教、インドの宗教、仏教、…。横並びになっている。

いくつかのものを、横並びにするのが、「相対主義」である。

⁘

相対主義は、ものわかりがよい。でも、問題を解決しない。

問題は、自分の死である。自分は、この世界にひとりしかいない。「このわたし」だ。「このわたし」が死ぬ。どう死ぬか。それに対して、あれもありますね、これもありますね、では話にならない。どれかひとつを選択しなければならない。

どれかひとつを選択しないとだめですよ、が本書の言いたいことだ。

どれかひとつを選択するから、ほかの選択がよく理解できますよ、とも言いたい。

自分の死を引き受けるには、
どれかひとつの考え方を選択しないといけない —— 75
ひとつの考え方を選択するから
ほかの選択のことがよりよく理解できる —— 76

⁘

マルクス主義が退潮し、いまはポストモダンが主流だ。でも、世の中は元気がない。ポストモダンの本質は、相対主義だからだ。

相対主義は、人びとの足を引っ張る。あなたの生き方には何の根拠もありませんよ。高みに立って、偉そうにそう言う。

でも、相対主義にこそ、何の根拠もない。相対主義からは、何も生まれない。まじめに生きることの価値を、復権しよう。

意味と価値を生きる

いまの社会は、科学の時代、合理主義の時代である。人びとは社会のルールを守り、科学を信じて生きている。常識ある合理主義者だ。

でも、それだけではすまないところに来ている。

なぜか。それでは、十分に生きていることにはならないからだ。

❖

生きるとは、何かを大事にすることである（価値）。そして、それを言葉で考え、言葉でわかることである（意味）。価値と意味は、一人ひとりの生き方である。学校では教わらない。理性からは導かれない。人びとに、価値や意味を伝えるのは、家族の役割。共同体の役割。そして、宗教の役割だ。

近代になると、家族が孤立し、共同体がばらばらになる。宗教がいくつも並立する。そこで、相対主義になる。

⁘

個人が、自分の生き方を選択する。自分なりの価値や意味で、自分の生き方を基礎づける。それが、相対主義でできるはずはない。

相対主義は、知識である。あれもこれも、ありますね。知っていますとも。知識なら、学校で習うことができる。情報として、ネットで探すこともできる。

でも、自分の生き方を選択するのは、知識ではない。知識を超えたことがらである。

それなら、昔ながらの宗教のほうが、まだ参考になる。宗教は、問題が、選択であることを、わかっているからだ。

宗教を、2行にまとめる

そこで、それぞれの宗教を、2行にまとめてみよう。

「2行」とは、どうみても乱暴だ。でもいま大事なのは、いったい何を「選択」するのか、はっきりさせることなのだ。

一神教を信じるとは、つぎのように考えることである

神が、世界を創造し、人間を造った
この世界のすべてのことは、神の意思で、起こる

キリスト教を信じるとは、つぎのように考えることである

神が、世界を創造し、人間を造った
イエス・キリストは、人間を愛し、人間を救う

イスラム教を信じるとは、つぎのように考えることである

神が、世界を創造し、人間を造った
クルアーンには、そのすべての秘密が書いてある

ユニタリアンを信じるとは、つぎのように考えることである

偉大な存在が、世界を創造し、人間を造った
そのことを信じる、どんな信仰もよいものである

汎神論を信じるとは、つぎのように考えることである

この世界の至るところに、神が存在する
このすばらしい世界と調和して、人間は生きるべきだ

神道を信じるとは、つぎのように考えることである

神々から、この世界は生まれた
神々に感謝して、人間は平和に暮らすべきだ

インドの宗教を信じるとは、つぎのように考えることである

因果の法則(ダルマ)によって、世界は運行している
この因果の法則を覚ることに、最高の価値がある

念仏宗を信じるとは、つぎのように考えることである

阿弥陀仏は、衆生を救おうとしている
念仏すれば、極楽浄土に往生する

禅を信じるとは、つぎのように考えることである

坐禅すれば、仏である
かつてゴータマも、そのように坐禅した

法華経を信じるとは、つぎのように考えることである

永遠の釈尊に導かれて、人びとは修行している
この教えは、法華経だけに書いてある

以上は、絞りに絞り込んだ、それぞれの宗教の骨格である。

こんなに簡単にまとめてよいのか。よいのだ。それが人びとの、役に立つのなら。

⁘

256頁〜257頁をぜひ、見比べていただきたい。

どの宗教も、たった2行。

たった2行だが、いやだからこそ、エッセンスを凝縮している。死んだらどうなるか、考えるなら、まずこの2行を手がかりにしてもらいたい。

だからこの2行は、ただ眺めて終わり、ではない。しっかり覚える。覚えにくければ、メモにする。通勤の途中や買い物の道すがらに頭のなかで繰り返す。

⁘

2行なら、比較しやすい。

2行なら、選択しやすい。

見比べるのだけれども、いずれ、そのひとつを選ぶ（かもしれない）。自分の手に握りしめる（かもしれない）。相対主義とは違う。わかりますね。

選択の不思議

出発点に戻ろう。

この本は、「死んだらどうなるか、自分で決める」がテーマだった。

死んだらどうなるか、自分で決める。自分で決めて、そのつもりで生きると、「そのように生きて、死んだひと」になる。これは、大事なことである。すなわち、

∵

自分で決めて、そのように生きると、その通りに死んだことになる —— 77

自分で思うように決めて、思うように死ねる、ということだ。これはすごい。

∵

自分で決めるのは、選択だろうか。

「選択」は、不思議な出来事だ。選択する前は、どれでもよかった。選択した後は、ひとつに決まっている。これが、選択する、である。

誰もが、選択しながら生きている。

なぜ、それを選択するのか。理由はあるだろう。でも、理由からストレートに選択が出

てくるのなら、それは選択でさえない。ほかの選択肢があるから、迷う。迷ったままでは困るから決める、のである。

つまり、決めるけれども、実は、理由ははっきりしない。そして、決めることで現実が開けていく。曲がり角を曲がるように。そして、新しい自分になる。

なぜ結婚した？

結婚を考えてみよう。

結婚する前は、まだ結婚を決めていない。ほかの誰かでもよかった。でもこのひとに決めた。理由ははっきり言えない。(理由をすらすら言えるひとがいたら、お目にかかりたい。)でも決めた。後戻りのきかない選択である。そして、新しい自分になった。

ほかの選択も、同じことだ。

さまざまな選択を重ねて、自分は自分になり続けている。学校も、就職も、…。自分が自分なのは、確かなことに思えても、じつはあやふやな、選択の積み重ねの結果だ。

⁘

自分を自分にしている、選択の積み重ねは、自分の「運命」ではないのか。

運命と言うのは、自分で決めているようでいて、実は、思い通りに決めているわけではないからだ。（ここは、微妙なことを言っている。わかります？）

決めているのに、決めていない。人間のやることには、こうしたことがままある。

向こうからやって来る

さてあなたは、この本に手を伸ばした。そのとき、もう何かが始まっている。最後に、それぞれの宗教を2行で表したまとめを読んだ。どれかひとつを選ぶ仕組みになっている。どれかを選べば、「自分が死んだらどうなるか」が決まる。

その選択に理由はあるか。理由はたぶん、ない。運命だからだ。

いや、自分はこういう理由で、これを選ぶ、と言うひとがいるかもしれない。おめでとう。運命に打ち勝って、自分で人生を切り開いたのだ。

理由はわからないが、ただ何となく、というひともいる。それは運命だ。仏教の言い方だと、縁があった。それでもよい。

選択は、自分で決めるものだとは限らない。むしろ、向こうからやって来るものだったりする。

運命の出会い

人生には、まま、運命の出会いがある。

親友がいるとする。どこで出会ったのか。たまたまクラスが一緒だったから？ なら、ちょっとしたことで、親友にならなかったかもしれない。そういうひとも、おおぜいいるはずだ。

宗教も、まま、運命の出会いである。

ある宗教のことが気になった。これも、運命の出会いだ。

それが運命の出会いなら、最善の出会いかもしれない。これまで生きてきて、足りなかったのはこれだ、と気づくかもしれない。

この本はその、ごく入り口までしか書いてない。その先は、めいめいの自由だ。グッド・ラック、と言おう。

⁘

最後に言いたいこと

宗教の、どれかひとつを選んで、死んだらどうなるか、考えてみる。ちょっとやってみる、をお勧めする。それは、運命の出会いかもしれない。

❖

とのべておきながら、反対のことを言おう。どの宗教を選んでも、結局は同じことですよ、と。

なぜか。それはどの宗教も、いまの時代を真面目に生き、でも相対主義に苦しむふつうの人びとの、プラスになるに決まっているから。科学と常識だけでは満足できなかった、ぽっかり空いたあの偶然の空白を埋めて、自分なりの確信をもって他者と共に歩むことができるから。

❖

宗教をひとつ、選んでみなければ、宗教のことはわからない。その宗教だけでなく、どの宗教のこともわからない。

その意味で、どの宗教を選んだとしても、結局は同じことなのである。

人類の最大の知的財産である宗教をわからないままで、生きていると言えるだろうか。ささやかな本書を手がかりに、宗教の豊かさを味わってくれる人びとがひとりでも多いことを願っている。

・

あとがき

死は、考えにくい。

これは、死の特徴だ。本文中でものべた。

そこで死は、やり残した夏休みの宿題、みたいになっている。

死が、自分のなかではっきりかたちになっていない。死に対して、態度をとれない。あやふやな生き方しかできない。そんなおとなが多くいる、ということである。

⁘

死はかならず、生きている途中にやって来る。でもそれが、終わりである。途中なのに終わり。よってますます、死は考えにくい。

これに立ち向かうには、いつ終わってもいいように生きる。これしかない。

これを覚悟という。昔はひとがよく死んだ。武士は刀を差していた。女のひとは命懸けで子どもを産んだ。みんな死んだのだから、自分もいつ死んでもおかしくない、と覚悟していた。

いまはひとがあまり死ななくなった。よいことだ。そのかわり、いつ死んでもいいように生きるひとはめずらしくなった。

⁘

学問はどうか。昔は教会も政府も横暴だった。「ここに書いてあることを取り消せ。さもないと命はないぞ。」と言われた。「それならやむをえません。」と、命を奪われるひとがいた。真理がある、学問をする、とはこういう意味である。いまでも、学問にたずさわるひとは、その覚悟でものを書くのが正しい。

政治も、ビジネスも、家族も、そして社会も、同じことのはずだ。死を前に動じない。自分の生き方がぶれない。これが、ほんとうの教養というものである。

⁘

宗教についての本を何冊も書いた。教養だから知っておかなければ、と手に取るひとが多い。読んでくれるのはありがたいが、どこかひとごとのようである。読者の芯まで届いているのか心許ない。

そこで、死について書こうと思った。死は、ひとごとと思ってすませられないことがらだ。そして、宗教と深く結びついている。ひとごとでなく死と向き合うのに、宗教がちょうどよい踏み台になることがわかるだろう。

宗教を踏み台にすると、死を深く考えられる。本書は、だから宗教を信じましょう、という本ではない。宗教を踏み台に、自分の死を考えたのなら、もう宗教にコミットしている。使いこなしている。それで充分です。だからそうやって、死と豊かにつきあって行きましょう、という本である。（もっとも、本書がきっかけで、お寺や教会やモスクに足を向けてもらっても、いっこうに構わない。）

そういう本を書こうと思って、二〇二〇年三月から四月にかけて、原稿をまとめた。こんな原稿を書いたのですけれど、と旧知の田畑博文さんに相談した。田畑さんは、『面白くて眠れなくなる社会学』（二〇一四年、ＰＨＰ研究所）の担当編集者。いまは、ダイヤモンド社に移っている。いいじゃないですか。二つ返事で、全面的にサポートしてもらった。装丁を、寄藤文平さんに担当いただけたのも、田畑さんの手配である。そのほか、ダイヤモンド社の皆さんにいろいろ手助けいただいた。

⁘

「死」は、前向きな気持ちになりにくいテーマだ。

でもこの本は、前向きな気持ちで書いた。読者も、前向きな気持ちで読んでもらえると嬉しい。

誰でも、いずれ、死ぬ。それまでの人生を誰もが、充実して豊かに生きていけるようにと、願っている。

二〇二〇年七月

橋爪大三郎

本書の命題

死ぬということは、
ものを考える「このわたし」が、存在しなくなることだ――*1*

存在するものは、経験できる――*2*

存在するものが存在しなくなることは、経験できる――*3*

存在しないものが存在するようになることは、経験できる――*4*

「このわたし」が死ぬことは、経験的な出来事ではない――*5*

「このわたし」が死ぬことは、超経験的な事実である――*6*

「このわたし」が生まれることも、超経験的な事実である――*7*

この世界を神が創造した／この世界は偶然である、はふたつの「相」である――15

この世界は、大部分が必然で、残りが偶然である――16

自分が「このわたし」として存在することは、合理的に説明できない――17

人間を超えていて、世界を存在させる意思が、創造主である――18

出来事Bをひき起こす出来事Aを、Bの原因という――19
出来事Aによってひき起こされる出来事Bを、Aの結果という――20

出来事A（原因）
⇦
出来事B（結果）――21

出来事Z（原因の原因）
⇦
出来事A（原因）
⇦
出来事B（結果）
⇦
出来事C（結果の結果）——22

真理は、言葉にできない——23

真理を覚ったかどうかは、覚ればわかる——24

誰かが真理を覚ったかどうかを、
別の誰かが判定することはできない——25

梵我一如によれば、
人間は実は人間でなく、ただの因果連関である——26

真理を覚れば、人間（生き物）は、人間（生き物）でないとわかる ―― *27*

輪廻するなら、
人間は死ぬとまもなく、別な人間や動物に生まれ変わる ―― *28*

輪廻するなら、低いカーストに生まれたことは、前世の報いである ―― *29*
輪廻するなら、高いカーストに生まれたことも、前世の報いである ―― *30*

---

a ゴータマは、真理を覚った。ゴータマは仏（ブッダ）となった
b ゴータマは、輪廻などないと思っている
c 弟子たちは、輪廻を待たず、現世で真理を覚るため修行している
d ゴータマは死んで、存在しなくなった
e 弟子たちは、覚っても覚らなくても、死んで存在しなくなる ―― *31*

---

a ゴータマは、真理を覚った。ゴータマは仏（ブッダ）となった
b ゴータマは、遠い過去から輪廻しつつ修行してきた

c 弟子たちは、現世で修行しても、覚って仏になることはない
d ゴータマは死んで、輪廻を解脱し、存在しなくなった
e 弟子たちは、死んでも輪廻を繰り返して修行を続ける —— 32

a ゴータマは、真理を覚って、仏（ブッダ）になった
b ゴータマは、遠い過去から輪廻しつつ、修行してきた
c 小乗の出家の修行者たちは、仏になれない
d ゴータマは死んで、輪廻せず、存在しなくなった
e ゴータマ以外にも仏は、過去・現在・未来におおぜい存在する
f 菩薩たちは、死んでも輪廻を繰り返して修行を続け、やがて仏となる —— 33

a ゴータマは、極楽浄土に阿弥陀仏がいると教えてくれた
b 人びとは死ぬと、輪廻する代わりに、極楽に往生できる
c 極楽に往生すると、仏になる一歩手前まで修行のランクが進む
d 極楽で死ぬと、つぎに極楽で生まれたあと真理を覚れる
e 真理を覚ると仏（ブッダ）になって、仏国土を与えられる —— 34

a 大乗仏教の修行者たちは、修行を続け、覚りをめざしている
b そうした修行を続けられるのは、修行者たちがもう仏だからだ
c もう仏であるから、生死を超越している —— *35*

a ゴータマは坐禅し、仏（ブッダ）となった
b ゴータマから伝わる正しい坐禅をすれば、誰でも仏である
c 坐禅すれば仏だから、輪廻して修行を続ける必要はない
d 死ねば、仏であってもそうでなくても、消えて存在しなくなる —— *36*

忠は、政治的リーダーに対する服従である —— *37*

孝は、血縁集団の年長者、とくに親に対する服従である —— *38*

歴史も祖先崇拝も、
死を後世に生きる者から眺め、死そのものから目を背ける —— *39*

a ひとは死ぬと、黄泉の国に行く
b 黄泉は、地底にある
c 黄泉には、鬼や悪神がおおぜいいる
d 黄泉は、死の穢れにまみれている
e 黄泉とこの世は隔てられて、自由に往き来できない —— *40*

本地垂迹説によれば、仏と神とは同じものである —— *41*

「人間は死ぬと仏になる」は、仏教の正しい考え方ではない —— *42*

念仏宗は、末法の世では、仏教の行が称名念仏に純化できると主張する —— *43*

念仏宗の信徒は、死を恐れない —— *44*

「人間は仏性があり、修行すれば、仏になれる」が、ふつうの仏教だ —— *45*

d 戒名を記した位牌を仏壇に祀って、お祈りする
e お盆には、死者はあの世からもどってくる ―― *52*

年忌法要を行なうなどの習慣は、仏教と関係ない古い伝統である ―― *53*

忠孝一如を唱えた江戸儒学は、
尊皇思想をうみ、幕府を倒す結果となった ―― *54*

江戸時代の知識人は、儒学と国学を両方修め、尊皇論者となった ―― *55*

国のために命をささげた人びとは、英霊となる ―― *56*

国家神道のもと、人間は、
伝統的な仏教の死と国家神道の死を、二重に死ぬ ―― *57*

天皇のため命をささげ悠久の大義に生きることは、
意味ある行ないになりうる ―― *58*

神が世界を創造したのなら、この世界に偶然は存在しない——66

a 神が、世界を創造し、人間を造った
b 神は、預言者を選んで、神の言葉を伝えた
c 預言者の伝える言葉が、聖典にまとまった
d 聖典は、神と人間との契約(約束)で、守らねばならない
e 神はやがて、正義を実現する——67

a 神が、世界を創造し、人間を造った
b 神は、人間を救うために、イエス・キリストをつかわした
c イエス・キリストの伝える神の言葉をまとめたものが、福音である
d 福音は、新しい契約(約束)で、イエスに従うのが正しい
e イエスはやがて、正義を実現し、人間の罪を赦す——68

a なにか偉大な存在が、世界を創造し、人間を造った
b 預言者は、よいことを言っている
c イエスは、よいことを言っている

d 人びとは、どんな信仰をもつのも自由である
e 人びとの信仰を縛る、どんな教義もなくてよい ―― *69*

汎神論は、自然の至るところに、神がいると考える ―― *70*

a 世界は、神々のわざ（むすび）によって、生まれた
b よい神／悪い神が、よい出来事／悪い出来事を起こしている
c よい神々を祀り、平和に暮らすのがよい
d 神々のことは、古事記・日本書紀に書いてある
e 人間が死ぬと、黄泉の国に行く（*e* 人間が死ぬと、（英）霊になる）―― *71*

a 極楽浄土に阿弥陀仏がいて、みなを招いている
b 阿弥陀仏は願を立てたので、それを信じれば往生できる
c 極楽に往生したあとは、必ず成仏する
d 成仏する前に極楽から戻り、衆生に奉仕することもできる ―― *72*

a ゴータマ（釈尊）は、坐禅して仏（ブッダ）になった

橋爪大三郎

はしづめ・だいさぶろう

1948年生まれ。社会学者。
東京大学大学院社会学研究科博士課程単位取得退学。
大学院大学至善館教授、東京工業大学名誉教授。
著書に『はじめての構造主義』
『はじめての言語ゲーム』（ともに講談社現代新書）、
社会学者・大澤真幸氏との共著に、
『ふしぎなキリスト教』（講談社現代新書、新書大賞2012を受賞）
などがある。

死の講義
――死んだらどうなるか、自分で決めなさい
二〇二〇年九月二十九日　第一刷発行
二〇二三年六月十二日　第六刷発行

著者　橋爪大三郎
発行所　ダイヤモンド社
郵便番号　一五〇-八四〇九
東京都渋谷区神宮前六-一二-一七
https://www.diamond.co.jp/
電話　〇三-五七七八-七二三三(編集)
〇三-五七七八-七二四〇(販売)

ブックデザイン　寄藤文平+古屋郁美(文平銀座)
校正　神保幸恵
DTP　宇田川由美子
製作進行　ダイヤモンド・グラフィック社
印刷　三松堂
製本　ブックアート
編集担当　田畑博文

ISBN 978-4-478-11119-2　Printed in Japan